IRMÃO BELÉM, FSPP

40 dias com
PADRE PIO

*Um Santo que nos leva
à conversão e milagres*

ANGELVS
EDITORA

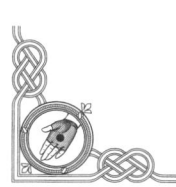

Dados Internacionais de Catalogação na Publicação (CIP)
(Câmara Brasileira do Livro, SP, Brasil)

40 dias com Padre Pio : um santo que nos leva à conversão e milagres / [organização] Irmão Belém. -- São Paulo : Angelus Editora, 2022.

ISBN 978-65-89083-19-1

1. Conversão 2. Milagres 3. Pio, de Pietrelcina, padre, 1887-1968 4. Pio, Santo, 1887-1968 - - Orações e devoções I. Irmão Belém.

22-99922 CDD-248.24

Índices para catálogo sistemático:

1. Conversão e milagres : Experiência religiosa : Cristianismo 248.24

Maria Alice Ferreira - Bibliotecária - CRB-8/7964

11ª edição

40 dias com Padre Pio
Um Santo que nos leva à conversão e milagres

Copyright
© Angelus Editora - 2024

Direção editorial:
Maristela Ciarrocchi

Revisão:
Tatiana Rosa Nogueira Dias

Capa, projeto gráfico e diagramação:
Thiago Lucio

Ilustrações:
Marcelo Oliveira dos Santos

ISBN: 978-65-89083-19-1

SUMÁRIO

Introdução 5
Prefácio 9

Capítulo 1: Quem foi São Pio? 11
As pessoas têm sede de milagres 21

40 dias com Padre Pio
Dia 1 29
Dia 2 33
Dia 3 37
Dia 4 43
Dia 5 47
Dia 6 51
Dia 7 57
Dia 8 61
Dia 9 65
Dia 10 69
Dia 11 73
Dia 12 77
Dia 13 81
Dia 14 85
Dia 15 89
Dia 16 93
Dia 17 97
Dia 18 101
Dia 19 105
Dia 20 109
Dia 21 113

Dia 22	117
Dia 23	121
Dia 24	125
Dia 25	129
Dia 26	133
Dia 27	139
Dia 28	143
Dia 29	147
Dia 30	151
Dia 31	155
Dia 32	159
Dia 33	163
Dia 34	167
Dia 35	171
Dia 36	175
Dia 37	179
Dia 38	183
Dia 39	187
Dia 40	191
Orações	195

INTRODUÇÃO

Os milagres são reais! E, quando pedimos com insistente fé, Deus escuta.
Tive uma recente experiência com meu milagre...
Enquanto finalizava o presente livro, fui assaltado com a avassaladora informação de que minha mãe estava diagnosticada com o vírus da Covid-19. Estava prestes a entrar na capela para minha adoração pessoal ao Santíssimo Sacramento, e com o coração apertado entrei para rezar atordoado por essa notícia.
Diante de Jesus exposto, comecei a chorar muito, porque achava que não mais veria minha mãe para me despedir, porque ela estava em total isolamento segundo os protocolos do hospital. Minha mãe tem 83 anos, está com uma demência senil avançada e não consegue mais fazer nada por conta própria, ou seja, extremo grupo de risco. Logo, humanamente pensando, não a veria novamente.
Então desmontei. Chorava e ia pedindo que Deus segurasse a mão dela que estava sozinha no hospital, e, como nenhum de nós da família poderia estar presente, pedi que a Virgem Maria e São Padre Pio estivessem com ela.
Enquanto chorava também suplicava e, ao mesmo tempo, declarava que fosse feita a vontade de Deus. Minha mãe é idosa, já viveu muito, estava certamente cansada e não queria ser egoísta de pedir para ela ficar

sofrendo aqui. Mas, meu pedido era que, se fosse possível, ela não passasse desta vida sozinha, sem nenhum de nós perto dela.

Um dia depois, meu irmão me liga dizendo que iriam transferi-la de Taubaté-SP, sua cidade natal, para a Capital porque as vagas estavam esgotadas. Meu irmão estava perdido porque não tinham como ficar com ela por causa da distância. E, ali, eu vi o sinal de Deus realizando a graça que tinha pedido. Digo isso porque moro na missão da Toca de Assis em Vinhedo, que é bem próximo da Capital de São Paulo e, imediatamente, me disponibilizei em ficar com ela. Para que não mais ficasse sozinha.

Ao chegar ao hospital tive que me comprometer a ficar com ela na área de isolamento da Covid, haja vista que, se contraísse o vírus, não seria responsabilidade do hospital. E, evidentemente, nem pensei duas vezes em me isolar com ela.

Ao chegar no quarto, muito ansioso em vê-la, fiquei absolutamente sem reação, pois ela estava praticamente desacordada. Não estava maltratada, mas estava estranha. Despenteada, mal-ajeitada na cama... coisas que só quem é familiar reconhece. Me recompus e comecei a cuidar dela no meio de todo caos que estava o hospital por causa da nova onda da pandemia.

Quando tudo se acalmou, meu coração só queria agradecer a Deus por realizar o meu pedido de poder estar com minha mãe enquanto enfrentava essa doença. Nesse momento, começaram a grande corrente de oração por nós que estávamos isolados ali, além das inúmeras manifestações de carinho. Foram tantas orações oferecidas por meu Instituto de vida consagrada, pelas redes sociais e por meu querido grupo dos Filhos espirituais de São Pio, que no passar dos dias minha mãe foi respondendo positivamente aos antibióticos e ao tratamento recebendo alta poucos dias depois.

Minha amada mãe hoje é bem debilitada pela idade e pelas lutas da vida, e mesmo no campo minado da Covid, ela conseguiu se recuperar para ficar mais um pouco conosco. O meu milagre que parecia impossível aconteceu!

A recuperação dela, na verdade, foi um doce acréscimo Divino, porque só de eu poder passar esses dias com ela e não deixando-a sozinha já era a graça que tinha pedido. Mas, Deus, em sua bondade e amor por mim, foi além...

O fato é que, terminando de escrever um livro sobre milagres, Deus me presenteia com um belo milagre!

E, esse é meu convite para você: Viva estes quarenta dias acreditando nos milagres. Se for para o bem de sua alma, Ele concederá o que você está pedindo. Contudo, peça com muita fé, nem que seja para derramar lágrimas!

PREFÁCIO

Em janeiro de 2021, fui surpreendido com uma mensagem em meu celular, enviada pelo Ir. Belém. Na mensagem me pedia para fazer o prefácio de seu livro. No texto, ele falava que eu o conhecia há muito tempo, e que, quando terminou de escrever o livro, pensou em meu nome para prefaciá-lo. Como costumo fazer com todos os pedidos que recebo, e que parecem estar em meu alcance, disse que sim. Pedi a ele que me enviasse por e-mail o livro para que eu pudesse ler e fazer o meu trabalho.

Também fui surpreendido com o tema e o conteúdo do livro. No livro, Ir. Belém reflete e nos convida a refletir sobre "40 dias com Padre Pio – Um Santo que nos leva à conversão e milagres". Confesso que não sou especialista em São Padre Pio, mas fiquei feliz em, por este livro, conhecer melhor a vida deste santo que marcou a história e a vida de tantos cristãos que se dedicaram à busca de santidade.

Antes de falar do livro, falarei sobre o meu contato com seu autor, Ir. Belém. Não me lembro a data e nem o ano que nos conhecemos. O que sei é que já faz mais de 12 anos e, o que me lembro, nosso encontro aconteceu num confessionário. Desse confessionário, ele me pediu para acompanhá-lo espiritualmente, o que não conseguimos muitas vezes. Pois, logo que me pediu, fui transferido de São Paulo para a Paróquia de Delfim Moreira e Marmelópolis, no Sul de Minas. A distância ficou grande, mas, mesmo assim, um dia ele saiu do interior de São Paulo, viajou um dia inteiro, para poder partilhar comigo um pouco de suas pérolas espirituais.

Nesse dia, percebi que não há distância e nem se medem esforços para cultivar a espiritualidade e para partilhá-la com os irmãos (as). Não tenho dúvidas que foi com este objetivo, que Ir. Belém, em sua simplicidade e humildade, como "Filho da Pobreza do Santíssimo Sacramento" (nome do Instituto de vida consagrada religiosa), quis escrever este livro que contém um pouco de sua espiritualidade, suas experiências de fé, seu amor a São Padre Pio, e sua confiança em seus milagres. No livro, encontraremos um método para crescer na oração e no amor a Cristo, Nosso Senhor, e a sua mãe, Nossa Senhora.

O Papa Francisco diz em sua Exortação Apostólica *Gaudete et Exsultate* - Alegrai-vos e exultai (Mt, 5,12), que ser santo, é uma vocação para todos e que a "santidade é viver em união com Cristo, os mistérios da sua vida. Ser santo, consiste em associar-se duma maneira única e pessoal à morte e ressurreição do Senhor, em morrer e ressuscitar continuamente com Ele. E que cada santo é uma mensagem que o Espírito Santo extrai da riqueza de Jesus Cristo e dá ao seu povo" (G.E).

Nesse sentido, creio que este livro partilha a mensagem do Espírito Santo deixada por Santo Padre Pio ao mundo, a mensagem espiritual que Ir. Belém nos envia através de seu texto, vivido, escrito e partilhado. Ao mesmo tempo, pode ser um itinerário de oração para que o leitor, se coloque nas mãos de Deus e aprofunde sua vida de santidade e amor a Deus.

Convido a você, que a partir da leitura e oração realizada no itinerário deste livro, possa crescer no espírito de oração, fazendo de sua espiritualidade uma identificação com o Cristo e com o seu Evangelho.

Boa leitura e boa oração.

Registro, 28 de janeiro de 2022.
Memória de Santo Tomas de Aquino,
presbítero e doutor da Igreja.
Servi ao Senhor com alegria!
Dom Manoel Ferreira dos Santos Junior, MSC
Bispo Diocesano de Registro - SP

Capítulo 1

Quem foi São Pio?

Importa esclarecer inicialmente que, todo o conteúdo que você está prestes a conhecer teve inspiração na vida de nosso amado São Pio, uma vida regada de milagres diários, de curas transcendentes que confundiam e desafiavam absurdamente a medicina e a ciência. Vamos conhecer um pouco de sua biografia primeiramente.

Batizado com o nome de Francesco Forgione, nasceu no vilarejo de Pietrelcina, próximo à cidade de Benevento, Itália, em 25 de maio de 1887. Era filho de Grazio Forgione e Maria Giuseppa de Nunzio e tinha seis irmãos.

Desde tenra idade, manifestou interesse pelas coisas de Deus. Não faltava às Missas e orações. Ainda menino, mostrava grande admiração por Nossa Senhora e Jesus, tornando-se também amigo do seu Anjo da Guarda. Francesco recorria a ele muitas vezes pedindo ajuda no seu caminho de viver o Evangelho, a Palavra de Deus.

Não é à toa que, mais tarde, Padre Pio exortava os fiéis a pedirem ajuda ao anjo da guarda. Ele sabia que o que os anjos mais querem é conduzir seus "guardados" para Deus. Por isso, insistia na intimidade de cada um com seu anjo da guarda. Essa vida espiritual, cultivada desde a infância, fez com que o pequeno menino tivesse experiência com milagres desde o princípio.

Em sua adolescência, aos 15 anos, em 1902, entrou no noviciado da ordem dos Capuchinhos em Morcone, apesar de ter sentido seu chamado bem antes, ainda criança, no encontro com um frade peregrino. Adentrado o Convento, adotou o nome de "frei Pio". Quando terminou o noviciado, professou os votos simples, em 1904 e em 1907 os votos solenes, hoje denominado como votos perpétuos.

Fez, então, os Estudos Clássicos e Filosofia. Depois, foi ordenado sacerdote em 10 de agosto de 1910, no Duomo de Benevento.

Em 1916, Padre Pio foi enviado para o convento de San Giovanni Rotondo, onde viveu toda a sua história na vida consagrada e sacerdotal. Ele tinha grande compaixão pelo sofrimento das pessoas que sempre o buscavam. Por isso, logo percebeu que sua missão sacerdotal era a de acolher em si o sofrimento do povo, servindo com seu ministério sacerdotal. A confirmação disso foram os estigmas de Cristo que Padre Pio recebeu em seu próprio corpo e duraram mais de 50 anos. Parece que, através do Padre Pio, Deus queria aliviar o sofrimento do seu povo. E, de fato, todos os que o procuravam saiam reconfortados. Falaremos mais disso no decorrer do livro.

São Pio de Pietrelcina entregou-se inteiramente ao Ministério do sacramento da Confissão. Ele sabia que essa é uma das maneiras mais eficientes e maravilhosas que o próprio Cristo deixou para aliviar os sofrimentos do coração e libertar os pecadores das garras do Demônio. Chegava a passar até 14 horas por dia no confessionário!

Em muitos casos, quando o fiel não tinha coragem de confessar um pecado grave, Padre Pio o revelava por inspiração divina. Isso ajudava muito dos fiéis se libertarem de seus males. Aliás, por isso, Padre Pio sofreu ataques terríveis do maligno: foi torturado, tentado e testado muitas vezes, mas não esmoreceu.

Padre Pio queria aliviar não somente o sofrimento espiritual das pessoas, mas também o sofrimento físico, o que o levou a ter a inspiração de construir um grande hospital, que ele deu o nome de "Casa Alívio do Sofrimento". Essa obra maravilhosa tornou-se referência em toda a Europa até os dias de hoje.

Atendendo a um pedido do Papa, Padre Pio criou os Grupos de Oração, com o objetivo de aliviar os horrores causados pela Segunda Guerra Mundial no coração das pessoas. Esses grupos se tornaram células catalizadoras do amor e da paz de Deus num mundo cheio de sofrimento e existem mundialmente até os dias de hoje.

Exatamente quando os Grupos de Oração celebraram 50 anos, reuniu-se uma grande multidão em San Giovanni Rotondo, para uma Missa em ação de graças. Mal imaginavam que essa seria a última Missa e a última vez que os filhos espirituais de São Padre Pio o viram. Surpreendentemente, nesse dia e nessa Missa, os estigmas desapareceram.

 Na madrugada de 23 de setembro de 1968, em sua cela conventual, Padre Pio entregou seu espírito indo se encontrar finalmente com seu Amado. Faleceu com fama de santidade e deixou uma multidão de pessoas que se tornaram seus devotos e filhos espirituais nos incontáveis e grandes Grupos de Oração que se multiplicaram por todo o mundo.

A fama de santidade de São Pio tornou-se cada vez maior após sua morte. Esse é um dos requisitos para que se inicie um processo de canonização. Muitos fiéis testemunharam terem alcançado graças pela intercessão de Padre Pio.

O processo de canonização do Padre Pio começou mesmo em 1982. Padre Pio foi beatificado em 2 de maio de 1999 e canonizado em 16 de junho de 2002, pelo Papa João Paulo II. Dali em diante, passou a ser chamado São Pio de Pietrelcina e sua festa litúrgica é comemorada todos os anos no dia 23 de setembro.

Além dos estigmas que tiveram duração de 50 anos, existem vários relatos atestando que Padre Pio tinha o dom da bilocação, ou seja, as pessoas podiam se encontrar com São Pio em até países diferentes, sem que o Santo de Pietrelcina nunca tivesse saído do Convento. Entre os tantos milagres atribuídos à sua intercessão está a cura de uma criança chamada Matteo Pio Colella. Sobre ele se desenrolou todo processo de canonização do Padre Pio.

"Padre Pio é um daqueles homens extraordinários que Deus envia de vez em quando à terra para converter os homens". Vai dizer o Papa Bento XV. Já o Papa Paulo VI relata: "Veja que fama ele alcançou! Quanta gente de todo o mundo ele reuniu em torno de si! Mas por quê? Por que era um filósofo? Por que era um sábio? Por que dispunha de meios? Não, mas porque rezava a Missa humildemente, confessava de manhã à noite; era, difícil de dizer, representante estampado dos estigmas de Jesus. Era um homem de oração e de sofrimento".

E o Papa João Paulo II que o canonizou o descreve: "Padre Pio foi um generoso dispensador da misericórdia divina, sobretudo através do sacramento da Penitência. O ministério do confessionário atraía numerosas multidões de fiéis. Mesmo quando ele tratava os peregrinos com severidade aparente, eles, tomando consciência da gravidade do pecado e arrependendo-se sinceramente, voltavam quase sempre atrás para o abraço pacificador do perdão sacramental".

A exumação do corpo incorrupto de Padre Pio aconteceu no dia 20 de abril de 2008 e, no mesmo dia, foi exposto para o público na cripta da Igreja de Santa Maria das Graças, em San Giovanni Rotondo. São Pio pode ser considerado o Apóstolo do Sacramento da Confissão. Através desse sacramento aconteceram grandes milagres de cura de corações feridos e conversões.

Naturalmente, aprofundar na vida de tão surpreendente figura, nos levará ao questionamento sobre o que de fato acreditamos e como acreditamos. Para acreditar e alcançar milagres extraordinários, como os que aconteceram na vida de São Pio, importa uma fé como a de uma criança, que confia absolutamente nos pais, que muitas vezes não questiona, e na verdade nem se importa em questionar, porque é tão bom simplesmente se abandonar, que intelectualizar só ofuscaria a beleza do lançar-se. E essa é a frágil e ao mesmo tempo vigorosa sabedoria da criança que nosso São Pio tinha.

Para nós da Toca de Assis, São Padre Pio é um dos patronos que intercede por nossas vocações e por nossa Obra. Em vários aspectos nos identificamos com sua espiritualidade. Além de ter sido um grande seguidor de São Francisco de Assis (Patrono Central de nosso Instituto), nosso amado São Pio foi um sacerdote extremamente eucarístico, com um verdadeiro amor pela Santo Sacrifício da Missa e ao Santíssimo Sacramento. Nesse aspecto, seguimos profundamente seu coração adorador. Para cada Filho da Pobreza do Santíssimo Sacramento (nome do nosso Instituto de vida consagrada religiosa) a Santa Missa é o centro de toda nossa espiritualidade.

Também nos inspiramos em seu amor pelos pobres e doentes e, homenageamos todas as nossas casas que acolhem idosos e enfermos com o título de Casa Fraterna São Pio, com o mesmo intuito de aliviar os sofrimentos dos abandonados de rua.

Em minha experiência pessoal, meu amado Padre Pio sempre esteve presente. Quando cheguei para minha primeira missão, ao entrar na vida consagrada, em 2002, me surpreendi com o nome da casa que era "Bem--aventurado Padre Pio", porque ainda não tinha sido canonizado. E ali começou minha história com nosso Patrono. Depois dessa missão, permaneci pelo menos cinco anos de minha caminhada em casas São Pio, sempre na enfermaria, cuidando dos enfermos e idosos.

Quando passei um tempo em 2018 cuidando de minha irmã que estava enferma na casa de minha mãe, me senti isolado, por conta de ter de ficar afastado da casa religiosa. Em um momento de conflito, liguei para meu Superior-Geral, Irmão Hariel, expressando minha confusão por estar vivendo uma experiência isolado da minha comunidade religiosa para cuidar de minha família que passava por uma fase difícil. Ele, muito ungido, me deu uma palavra que confortou e acalmou meu coração. Falou que, São Pio de maneira muito mais sofrida também permaneceu por anos isolado de seu apostolado. Por motivos diferentes, mas também afastado de sua rotina. E que, Padre Pio, nunca questionou a Deus, pelo contrário, soube obedecer os desígnios de Deus com paciência e obediência.

Esse conselho acalmou meu coração e me fortaleceu durante aquele tempo necessário em minha vida. Hoje, tendo passado essa fase, e estando hoje de volta à comunidade, fui inspirado a criar um grupo de intercessão e formação espiritual e humana intitulado "Filhos espirituais de São Pio". Diariamente estou com esse grupo ao vivo no Canal do *Youtube* da Toca de Assis, irmãos rezando e dando conselhos com base nos escritos de nosso São Pio. Tem sido uma verdadeira graça.

Justamente esse grupo me inspirou a escrita deste livro. Desejo levar cada filho espiritual de São Pio pela Toca de Assis a fazer um caminho de conversão e milagres!

Demos graças a Deus!

As pessoas têm sede de milagres

Enquanto me preparava para começar a escrever este livro, me detive frente a uma linda imagem de São Padre Pio e fiquei com aquela leve impressão de que ele sorria para mim. Já teve alguma experiência parecida?

Isso me inspirou e motivou a escrever.

Sei que ele sorri lá do Paraíso pensando nos seus filhos espirituais que ainda caminham nesta terra, militando e peregrinando, muitas vezes em um vale de lágrimas. Tenho mais que certeza que este sorriso de São Pio é um prenúncio do milagre que está para chegar, um novo para vida de cada um de nós! Mas, enfim... quero iniciar mesmo com a seguinte afirmação: As pessoas querem ardentemente milagres!

Isso está cada vez mais evidente quando observamos as buscas na internet por conteúdos que conduzam os fiéis num caminho de alcance de graças. Vejo os católicos lotando canais do *Youtube* e das mais diversas redes sociais em busca de conforto espiritual, uma palavra de revelação, um alívio para a sua dor.

É uma alegria ver esse florescer diferenciado da vivência da fé através da internet. É louvável, inspirador e válido.

Mas algo me alertou. Trabalhando com pessoas de diversas idades e classes sociais, na internet e por meio de nossas pastorais, percebi uma realidade que me preocupa e questiona. Será que, com o tempo, as pessoas vão se cansar de pedir os milagres? Ou ainda: Será que correm o risco de se frustrarem?

Afinal de contas, muitos que nos procuram na internet têm se mostrado iniciantes no tocante da fé católica e, isso deve ser levado em consideração. Haja vista que, os milagres têm a natureza de trazer alegria e vibração por sua extraordinariedade sobrenatural, logo "o novo convertido" pode não entender que nem sempre ele alcançará o milagre almejado.

O motivo é que Deus vai operar os milagres que forem auxílios necessários para o fim último, que é a Salvação do homem. Se o pedido de milagre, aos olhos de Deus que é onisciente, não cooperar para o caminho de conversão e salvação da pessoa, certamente não realizará.

Sabemos que Deus tem compaixão de seu povo e Jesus veio deixar isso muito claro para todos nós em seu Evangelho, e sua piedade socorre as mais variadas necessidades dos que sofrem. Entretanto, não é verdade que, nem todos que suplicam por milagres os veem realizados? Justamente, porque Deus sempre olha além do tempo e deseja que seus filhos se salvem e tudo que puder fazer para colaborar com isso fará.

Nas páginas do Evangelho, os milagres de Jesus realmente chamam muita atenção. São centenas de curas, como a da sogra de Simão Pedro (Mc, 1, 29-32), o leproso (Mt 8, 1-4), o paralítico, (Mc 2, 1-12), o homem da mão atrofiada (Lc 6, 6-11), sem contar os demônios que expulsava como o caso do endemoniado de Gerada (Mt 8, 28-34). Todos esses grandes feitos atraem o povo que, sedentos de alívio, esperam um milagre de Jesus. Isso chama a atenção, desenrola a grande fama de Jesus. A união da cura da enfermidade e dos exorcismos de tantas possessões será uma constante nos Evangelhos.

Contudo, os dias de apostolado de Jesus é "programático", geralmente começa com uma oração na solidão e no silêncio, invariavelmente nas madrugadas, e, somente depois, sai para declarar sua missão primária de pregar a Boa Nova. Não há dicotomia, oração, pregação e milagres, diante do qual, o domínio satânico vai se retirando, para avanço do Reinado de Deus.

Não resta dúvida de que, no meio daquela multidão não todos os que se encontravam com Jesus eram curados e tinham seus milagres realizados, pelo simples fato de que, Jesus não era um curandeiro. Também pela premissa de que, se a cura não favorecesse a salvação da pessoa, Ele não realizaria.

Na trajetória de São Pio, que era extraordinária no quesito de milagres, igualmente nem todos que se aproximavam do frei de Pietrelcina tinham suas necessidades alcançadas. Precisamente porque, seguindo os passos de Jesus, São Padre Pio desejava primeiramente a salvação das almas.

Desde a tenra idade, o pequeno Francesco em Pietrelcina teve experiências com graças admiráveis de feitos indescritíveis e, por isso também, teve um destaque entre os frades capuchinhos (sem mencionar o fato dos estigmas). Porque diante da dor do povo, uma pessoa que opera milagres em nome de Deus atrai poderosamente.

Importa ressaltar que, precisamos acreditar em milagres! O homem moderno achando-se astuto para responder tudo empiricamente deixou de acreditar e ter fé. O ceticismo avançou nas últimas décadas e muitas pessoas deixaram de crer. Esse oposto extremo é terrível.

O que importa compreendermos então, é que as coisas têm de andar juntas. Jesus deixou claro o caminho. Oração, pregação e milagres. O que adianta suplicarmos graças se nosso coração não estiver preparado para recebê-las? Como queremos que os milagres aconteçam se não sabemos como fazer uma oração para suplicá-los?

Esse é o intuito principal deste livro: te orientar em um caminho programado para rezar (Oração), amadurecer a fé pela Palavra de Deus (Pregação) e súplica de milagres. Sem separar uma coisa da outra. Um percurso completo e ardente, diário e abrasador, penitente e consolador.

Te convido a perpetrar nessa viagem espiritual de desenvolvimento pessoal de amor e de fé. Deixe-se conduzir e veja o milagre acontecendo diante de seus olhos.

Na prática, nosso percurso à espera de um milagre é bem simples.

Diariamente, leia, na ordem proposta, os dias de meditação e oração. Em cada meditação faremos propostas de atitudes, ações e orações. Viva o que for sugerido sempre em espírito de oração e entrega.

A ordem é essa:
1) Leitura da meditação;
2) Prece do dia, um Pai-Nosso, uma Ave-Maria;
3) Uma oração para todos os dias no intuito de suplicar o milagre pelas mãos de São Pio. Nos capítulos iniciais indicamos três ápices da vida de oração: a Missa, o Rosário e a Leitura Orante da Palavra. Leia e deixe o Espírito Santo conduzir seu coração nesse tripé de Graças.

Também te aconselho:
1) Monte um altar com suas imagens de devoção;
2) Acenda uma vela sempre que for meditar e rezar;
3) Separe o momento do seu dia para se manter firme no propósito e deixe seu espírito disposto na vivência deste percurso;
4) Tenha um diário de anotações bem bonito para escrever as moções dadas pelo Espírito Santo. Isso vai te ajudar!

Antes de iniciarmos concretamente, quero te incitar a não ter medo de suplicar seu milagre. Farei isso te apresentando alguns feitos extraordinários da intercessão de São Pio.

Para inflamar seu coração, vou compartilhar três milagres admiráveis para que você se convença que milagres, realmente podem acontecer. O primeiro deles:

Em 1997, Pietro Cugino se recordaria de um possível milagre que ocorrera na frente de muitas testemunhas em San Giovanni. "um dia, um camponês aleijado implorou a ajuda de Padre Pio para ser curado. O frade lhe ordenou: 'Jogue suas muletas fora'. Ele as descartou. Sentiu um formigamento em todo corpo, particularmente nas pernas. Então começou a caminhar sem as muletas. Depois caminhou em volta do convento. Finalmente, retornou em prantos para agradecer ao Padre". (Ruffin, 476)

Outro milagre que questiona a medicina aconteceu com a pequena Gemma di Giorgi de 7 anos que, com sua avó, uma mulher de muita fé, empreenderam a penosa e longa viagem até San Giovanni, Itália.

Logo que entraram na igreja, o Padre Pio distribuindo a comunhão, parou subitamente e gritou: "Gemma, venha cá!". Vó e neta abriram caminho por entre a multidão e ajoelharam-se junto ao altar. O padre sorriu para a menina e lhe disse que podia fazer ali a sua primeira comunhão. Ouviu-a em confissão e fez o sinal da cruz sobre seus olhos e depois, ministrou-lhe a comunhão.

A avó lhe perguntou mais tarde se naquele momento tinha pedido qualquer graça ao que a pequena disse que não.

Após um tempo, encontrou novamente São Padre Pio que, a abençoou dizendo-lhe depois: "Que Nossa Senhora te abençoe, Gemma, e procura ser sempre boa". Nesse mesmo instante a criança deu um grito, pois tinha começado a enxergar.

Um oftalmologista de renome, o professor Caramozza de Perugia, após uma pesquisa detalhada, escreveu em um relatório médico que é contra todas as leis da física e da biologia que uma menina sem pupilas veja perfeitamente.

Em 1971, ela relata:

"Não tinha pupilas em meus olhos. Não via coisa alguma. Quando tinha três anos de idade, minha mãe me levou a um oculista muito famoso em Palermo. Ele lhe disse que sem pupilas, eu nunca poderia enxergar". (Ruffin, 477)

E ainda,

Padre Schug observou: "Ela parecia cega. Seus olhos são pálidos e sem brilho. Mas não há duvidas de que pode ver. Eu a vi pegar uma lista telefônica, conferir um número e discá-lo sem tatear (...). Indagada por um capuchinho siciliano (...), foi capaz de descrever o progresso de na construção de um prédio, a vinte e dois metros de distância, e mencionou a cor das várias seções da fachada". (Ruffim, 477)

O terceiro milagre relata a cura de um câncer, doença que ainda dizima tantas pessoas invariavelmente.

Segundo o testemunho de um homem chamado Danilo Gonim, ele recebeu, nos 50 anos, o diagnóstico de um "câncer de garganta" incurável e foi avisado que estava à beira da morte. Sua esposa sugeriu que visitássemos Padre Pio. Danilo vivia no Canadá e dirigiu-se à Itália para morrer. Quando foi se confessar, Padre Pio, que aparentemente não tinha forma alguma de saber algo a seu respeito, disse: "Ah, canadense!". Gonim ficou tão incomodado que Padre Pio lhe disse para se acalmar e retornar depois.

Retornou no dia seguinte e se confessou. Depois de absolvê-lo, sem que Gonim lhe desse "o menor sinal de que tinha qualquer problema", Padre Pio perguntou: "Então, o que os médicos disseram de sua doença?".

Gonim respondeu que o médico lhe dera no máximo três meses de vida. Padre Pio tocou na "Garganta inchada" de Gonim e disse: "Tenha fé. Jesus é o médico e a cura".

Enquanto retornava de carro para Vicenza, no nordeste da Itália, Gonim percebeu que estava respirando sem dificuldade, e quando chegou em casa foi aos médicos, que o examinaram e não encontraram o menor traço da doença. (Ruffin, 478)

Sim. São testemunhos de milagres que documentados confundem os inteligentes. O interessante é que são alguns milagres sempre somados a administração de sacramentos. A menina Gemma comungou, o Sr. Gonim se confessou... reafirmando a ligação entre, oração, pregação e milagres. A cura é da alma e do corpo.

Faça seu pedido para o Coração de Jesus pelas mãos da Virgem Maria e de São Padre Pio no dia que for iniciar seu percurso. A oração para ser rezada todos os dias é:

Oh, Deus, que a São Pio de Pietrelcina, sacerdote capuchinho, concedestes o privilégio de participar, de modo admirável da paixão de Vosso Filho, concedei-me, por sua intercessão, a graça de (formular o pedido)..., que ardentemente desejo e permiti, sobretudo, que eu me conforme com a morte de Jesus para alcançar, depois, a glória da ressurreição.

Glória ao Pai (3 vezes).

Qual a graça que você precisa?

Se você sente que seu pedido vai aliviar seus sofrimentos e, não é um impedimento para tua salvação, peça! Pela intercessão de São Pio, os milagres, segundo a vontade de Deus, podem acontecer.

Estarei sempre intercedendo a São Pio, por todos que forem fazer este caminho de graça... um milagre está por vir, e, com ele, um novo coração para o novo homem e a nova mulher que está prestes a nascer!

Vamos juntos! Caminharemos de mãos dadas nesses 40 dias à espera de um milagre!

40 dias com Padre Pio

"Seria mais fácil a Terra existir sem o Sol do que sem a Santa Missa."
(São Pio)

Vamos iniciar nosso itinerário naquilo que é mais importante na vida de um católico: O Santo Sacrifício da Missa. Haja vista que, se as pessoas realmente pudessem ter uma visão do que acontece espiritualmente nesse momento tão sublime, certamente as igrejas não comportariam a multidão que se aglomeraria.

A Missa é o manancial da Salvação de toda humanidade e uma fonte inesgotável de misericórdia. Oferecemos missas em sufrágios dos falecidos, mas nos esquecemos de entregar nossa própria vida pedindo piedade por nós mesmos. E, muitas vezes, precisamos mais que os fiéis defuntos.

O mistério eucarístico que vai imensamente além da nossa capacidade de compreensão e exige do coração do homem uma imensa fé. Ali no momento do sacrifício de amor, o Verbo encarnado vive sua paixão e ressurreição, não como uma memória, mas como uma verdadeira atualização, ou seja, de forma incruenta (sem derramamento de sangue), Jesus oferece o seu sacrifício e ressuscita.

A Missa é o maior milagre espiritual, a Graça mais surpreendente e magnífica, e a prova de que o nosso impossível pode se tornar realidade. A Santa Missa nos ensina a tirar as barreiras da incredulidade, pelo motivo de que a ciência empírica não consegue explicar o que acontece, por exemplo, na transubstanciação, que é a estupenda transformação do pão e vinho oferecidos no Corpo, Sangue, Alma e Divindade de Nosso Senhor Jesus Cristo.

E nosso Deus realizou tão lindo mistério em nosso meio para que nosso coração acredite no Céu, no mundo espiritual que nossos olhos não veem. Para que cada cristão possa, em meio a este "vale de lágrimas", crer no Paraíso.

São Pio passava horas no confessionário, e isso surpreendia a muitos e sabemos que era exatamente na Santa Missa, o principal momento do seu dia, a fonte de fortalecimento para tão desgastante apostolado.

Quando celebrava a Missa revivia a presença de Jesus tão intensamente que as pessoas definiam suas celebrações como um "verdadeiro espetáculo sobrenatural". Por várias décadas, numerosos fiéis acorriam para participarem da Santa Missa com São Padre Pio, e o faziam com absoluto respeito, impregnados de grande contemplação. A Missa com São Pio chegava a durar até quatro horas.

Por isso, em um primeiro momento, que o Santo sacrifício da Missa possa ser também a fonte pura de fortalecimento do teu coração neste nosso percurso que se inicia. Jesus, na Missa, é a fonte de misericórdia e de amor.

Percorreremos quarenta dias à espera de um milagre em nossa vida e garanto que, a participação da Santa Missa é fundamental para a boa vivência desse trajeto. Se puder diariamente, senão ao menos aos domingos para que os seus olhos da fé possam contemplar o Maior Milagre todos os dias: O Santo e único Sacrifício da Missa!

Prece

"Dá-me Senhor, um coração apaixonado pelo mistério insondável da tua Santa Missa. Faça de mim também uma doce gratidão a tão maravilhoso momento de oferta, sacrifício e ação de graças. Ensina-me a Te receber dignamente na comunhão e fortalece-me para que possa continuar manifestando com minha vida a Sua glória ao sair de cada celebração eucarística. Que, no início deste percurso à espera da Tua gra-

ça na minha vida, o Teu Santo Espírito possa me conduzir e me guiar para que possa caminhar firme e resolutamente com o coração cheio de amor, fé e esperança. Quero me unir a Ti em cada Santa Missa Jesus!"
Pai-Nosso
Ave-Maria

Oração a São Padre Pio

Oh, Deus, que a São Pio de Pietrelcina, sacerdote capuchinho, concedestes o privilégio de participar, de modo admirável da paixão de Vosso Filho, concedei-me, por sua intercessão, a graça de (formular o pedido)..., que ardentemente desejo e permiti, sobretudo, que eu me conforme com a morte de Jesus para alcançar, depois, a glória da ressurreição.
Glória ao Pai (3 vezes).

2

"Lembre-se de que você tem no Céu não somente um Pai, mas também uma Mãe, a Virgem Maria!" (São Pio)

A devoção à Virgem Maria era com certeza forte característica da espiritualidade de São Pio.

Havia assumido o compromisso de rezar cinco rosários por dia: Na realidade, muitas vezes rezava o dobro ou até mais. "Se a Virgem Maria em, Lourdes e em Fátima, recomendou com insistência a recitação do Santo Terço", dizia "certamente isso significa que tal oração possui um valor extraordinário para nós e para nosso tempo". São Padre Pio ao final de cada dia, dirigia seu olhar para a imagem de Nossa Senhora que ficava aos pés de sua cama; rezava e pedia sua intercessão em uma demonstração de afeto filial.[1]

E assim, com inspiração na devoção mariana de nosso São Pio, refletimos neste segundo dia, as virtudes da Mulher vestida de Sol! Ela também vai caminhar conosco em nosso itinerário de amor. Exatamente porque Ela vai nos ensinar a percorrer cada dia de oração com o coração puro e livre de toda ganância e ansiedade.

Ela carregou o Milagre da Encarnação do Verbo em seu ventre. Ela levou dentro de si o Deus Salvador, o Emanuel, o Senhor dos senhores. E, neste trajeto, quer igualmente nos carregar em seu colo materno de amor. E nos convida a imitar suas virtudes e a beber de sua materna intercessão.

E o convite neste dia é o santo Silêncio de Maria!

Para suportar na graça um caminho de busca de santidade, precisa-se realizar esse silêncio que a Mãe de Deus

---

1. FUITEM, Frei Diogo Luís. *São Pio de Pietrelcina*, Servidor de Deus, p.49.

tanto soube viver. Não falo de um silêncio relacionado à ausência de barulho, mas aquele que Maria viveu, ou seja, guardando tudo no seu coração. (Lc 2, 51b)

Nossa Senhora não "guardava" no sentido de ressentimento, mas no sentido meditativo. Ela não respondia rápido e não respondia com agressividade, pelo contrário, tinha a docilidade de tomar a situação, guardar no coração (ou seja, na fonte do amor) e meditava, pensava e se iluminava, exatamente porque correspondia a qualquer estímulo com base no Espírito Santo que a conduzia.

O silêncio coopera para completar, na graça de Deus, os dias em que você espera por seu impossível. O milagre que você tanto precisa.

Contudo, insisto que esse silêncio à espera do milagre, não é somente ausência de ruídos, mas a doce capacidade de meditar no coração antes de sair falando mais do que deveria e, consequentemente, se machucando e ferindo também o outro que está ao seu lado. Não murmure durante o caminho que estamos fazendo. Não deixe que a ansiedade quebre o silêncio da espera em Deus durante estes quarenta dias. Faça silêncio interior como o fez a Mãe de Deus, com coragem e determinação!

Na prática oracional, para alcançarmos o silêncio de Maria Santíssima, vale também que, se tire um tempo para meditação do Santo Rosário, ou de ao menos um terço ao dia. Rezar o terço é imitar o Coração Imaculado, ali se medita os mistérios da vida de Cristo em sua materna companhia.

Prece

"Dá-me Senhor, o mesmo silêncio de amor que havia no Coração Imaculado de Vossa Mãe Santíssima. Temos um

longo caminho pela frente e precisamos saber calar nosso coração inquieto diante das esperas, acalmar nossa alma diante das distrações e fortalecer nossa vontade diante de nossas fraquezas e limitações. Envia Teu Santo Espírito para que seja fecundado em nosso interior a quietude e a Paz que reinaram na alma da Virgem Maria, mesmo quando foi transpassada pela espada. Quero ser igual a Mãe de Jesus, ajuda-me Senhor!"
Pai-Nosso
Ave-Maria

Oração a São Padre Pio
Oh, Deus, que a São Pio de Pietrelcina, sacerdote capuchinho, concedestes o privilégio de participar, de modo admirável da paixão de Vosso Filho, concedei-me, por sua intercessão, a graça de (formular o pedido)..., que ardentemente desejo e permiti, sobretudo, que eu me conforme com a morte de Jesus para alcançar, depois, a glória da ressurreição.
Glória ao Pai (3 vezes).

3

"Medite na Palavra de Deus e ela terá poder de transformar suas inclinações naturais para elevar seu espírito com pensamentos puros e sublimes." (São Pio)

Ainda no início, de nossa caminhada rumo a nossa meta, proponho outra arma fundamental para alcançarmos as graças que necessitamos: A Palavra de Deus.

Muitas pessoas interrogam sobre como ler a Bíblia, por onde começar, se pelo novo ou antigo testamento, contudo, por mais importante que seja a leitura na integra das sagradas escrituras, não é isso que vai trazer verdadeira transformação interior. Quando puder procure meios de estudar, mas quero te mostrar um caminho de verdadeira intimidade com a Palavra, mesmo que você não tenha grande conhecimento dela.

Três pontos importantes devem ser entendidos: Primeiramente, entender que a Palavra não é apenas um livro, mas uma Pessoa: Jesus Cristo. E, é com Ele que somos realmente chamados a ter proximidade. Partindo desse pressuposto podemos passar para uma segunda compreensão, de que o que importa para nosso coração dentro destes quarenta dias não é a leitura da Palavra, mas a sua meditação. E por último, saber que o roteiro do que deve ser meditado é oferecido para toda a Igreja na liturgia do dia. Sim, a Palavra do dia é o que Deus quer falar com o seu coração.

Percebendo isso, te convido, a sempre que possível, senão diariamente, tirar um tempo para a meditação da Palavra de Deus, assim como a Virgem Santíssima que meditava tudo em seu Coração.

A forma de realizar a meditação orante da Palavra de Deus é a seguinte:

a. Procure um local tranquilo em que você possa fica à vontade;
b. Sente-se adequadamente em uma postura que impeça distrações. Não deixe celular nem nada que te tente a sair deste momento. Evite deitar-se;
c. Peça luzes rezando a Oração ao Espírito Santo e uma Ave-Maria e vá silenciando seu coração;
d. Tome a Palavra do dia que a liturgia da Igreja oferece tão amorosamente e leia ao menos cinco vezes lentamente, a meia voz, observando cada expressão, verbo e frases.
e. Enquanto você lê, pode ser que alguma palavra se destaque ao seu coração e fale muito para você. Quando essa palavra ressaltar aos seus olhos, se agarre nela;
f. Deus provavelmente vai te dar uma iluminação e compreensão em sua alma para aquele dia;
g. Quando isso acontecer, pare, não queira falar nada, nem pensar muito, só adore o Verbo de Deus, a Palavra viva e deixe que fale para você.

Não necessariamente a experiência tem que ser consoladora ao experimentar a prática da leitura orante na primeira vez. É um exercício meditativo, aos poucos se vai ganhando experiência.

Sobre a meditação vai dizer São Pio:

É preciso perseverar com muita paciência no santo exercício da meditação, é preciso que te contentes em avançar a passos lentos, até teres pernas para correr, ou, antes, asas para voar. Contenta-te em viver na obediência: coisa de não pouca importância para uma alma que escolheu Deus como alvo supremo. E, resigna-te a ser, de momento, uma pequena abelha, enquanto esperas vir a ser uma abelha grande, hábil, capaz de fabricar bom mel. Humilha-te com muito amor perante Deus e os homens, pois Deus só fala aos que se mantêm diante d'Ele humildemente. Todavia o verdadeiro motivo de não conseguires fazer bem a tua meditação, ei-lo! E creio não me enganar (...) quando alguém procura com excesso de pressa e inquietação febril um objeto perdido, embora lhe toque com a mão, embora lhe passe cem vezes debaixo dos olhos, não o descobre! «Essa inútil ansiedade só te fatigará o teu espírito e tornará o teu pensamento absolutamente inapto a deter-se nos pontos de meditação; daí resultará uma espécie de frieza e embotamento, sobretudo no domínio afetivo». Para este mal só conheço um remédio: expulsa para longe a ansiedade, uma das armadilhas mais perigosas à verdadeira virtude e à verdadeira vida interior; sob o pretexto de aquecer a alma, torna-a mais fria; só a obriga a correr para a fazer tropeçar.[2]

Busque realizar a leitura orante da Palavra de Deus, meditar a Palavra do dia o máximo que puder nos próximos dias. Siga as orientações de São Pio e não tenha ansiedade e pressa em ouvir a voz de Deus que quer revelar inúmeras questões espirituais através da liturgia do dia. Busque-a!

Para finalizar, disponibilizo a descrição sobre como São Pio rezava e contemplava. É encantador:

Costumo rezar da seguinte forma: assim que começa a oração, sinto que minha alma começa a

---

2. WINOWSKA, Maria. *Padre Pio*, o estigmatizado, p.116.

se recolher em uma paz e uma tranquilidade que não posso exprimir em palavras... os sentidos permanecem suspensos, com exceção da audição, que às vezes não é suspensa; todavia, usualmente esse sentido não me causa problemas, e.... até mesmo se estivesse em meio a uma barulheira, isso não me incomodaria de forma alguma.[3]

Prece
"Dá-me Senhor, a iluminação em minha alma para rezar com a Tua Palavra. Que ela seja luz para meus passos e lâmpada para meus pés. Tua Palavra é luz! Ilumina, eu vos suplico, as sombras do meu coração para que saiba discernir entre o bem e o mal, entre a minha vontade e a Tua. Inspira-me por meio de cada leitura orante, e ensina-me a levar aquilo que contemplo para minha vida, para que o valor meditado seja um valor vivido. Quero seguir teus passos através da Tua Palavra!"
Pai-Nosso
Ave-Maria

Oração a São Padre Pio
Oh, Deus, que a São Pio de Pietrelcina, sacerdote capuchinho, concedestes o privilégio de participar, de modo admirável da paixão de Vosso Filho, concedei-me, por sua intercessão, a graça de (formular o pedido)..., que ardentemente desejo e permiti, sobretudo, que eu me conforme com a morte de Jesus para alcançar, depois, a glória da ressurreição.
Glória ao Pai (3 vezes).

---

3. RUFFIN, C. Bernard. *Padre Pio*, a história definitiva, p.117.

"Não desanime quando for incompreendido." (São Pio)

Uma coisa é certa. Não podemos controlar o que as pessoas pensam de nós ou de nossas atitudes. Nem mesmo o que falam da gente podemos dominar. Mas podemos controlar o que pensamos e o que sentimos.

Errando ou acertando sempre correremos o risco de ter alguém que não nos compreenda. E, a chave está exatamente em entender que é a realidade da vida humana. Em toda a história da Salvação, desde Adão e Eva, as incompreensões e conflitos existem e não é possível impedir as desconfortáveis circunstâncias da incompreensão.

Várias pessoas entram em contato confundidas por serem alvos de maledicências. Não conseguem entender que este é um mal que infelizmente faz parte das mais diversas comunidades e grupos de pessoas. Sabemos que isso acontece em locais de trabalho, nas famílias, na vizinhança e até mesmo em ambientes eclesiais, como paróquias e comunidades religiosas. Sempre pelo mesmo motivo: um ser humano sempre se desentendeu com outro ser humano.

Existe, entretanto, uma possibilidade de vivenciar a incompreensão das pessoas.

Primeiramente, podemos basear nisto que já estamos falando, de aceitar e acolher que essa realidade é antropológica, ou seja, está intrinsecamente ligada à realidade humana. Quando se elimina as expectativas fantasiosas de uma convivência perfeitinha e "cor-de-rosa", e abraça-se a realidade do homem falho que tem dificuldades com a língua, fica-se livre.

Se formos honestos, vamos admitir que desejamos ser amados e respeitados o tempo todo, não é verdade?

Contudo, isso é algo impossível, diante da realidade das coisas humanas.

Então, temos aqui alguns fatos que esclarecem nossa visão de mundo... queremos ser amados o tempo todo (quase igual a uma criança) e nem sempre teremos esse tipo de amor humano, pelo contrário, acabamos sempre por sermos incompreendidos. E a liberdade está exatamente em eu escolher essa realidade e não a ideia que tenho de relacionamentos sem falhas.

Na prática, para a pessoa que deseja crescer em virtudes cristãs, esse exercício é fabuloso. Se ao ser incompreendido, o indivíduo lembrar da realidade humana, vai exigir menos da situação e não vai mais espernear como criança.

Se você não é um artista em um palco, saiba que não precisa de aplausos. Por mais que sejam atraentes, não é isso que vai te fazer feliz.

São Padre Pio viveu inúmeras incompreensões em sua vida, mesmo diante de circunstâncias que não podia mudar como o fato de ser um frade estigmatizado, ou seja, que carregava nas mãos, no lado e nos pés as marcas da Chagas de Nosso Senhor Jesus Cristo. Muitos consideravam uma enganação ou fruto de histeria. Para se ter uma ideia, foram mais de setenta visitadores apostólicos enviados pela Santa Sé para verificação da veracidade do fenômeno da estigmatização. Imagine a tamanha humilhação. E, mesmo assim o Santo Frei Pio continuava perseverante em sua vida de oração e de trabalho apostólico sem se perturbar.

Primeiro devemos entender que somos carentes de amor e buscamos isso o tempo todo e que nem sempre teremos esse afeto, haja vista que, a natureza falível do homem faz com que muitas vezes falemos mal uns dos outros.

Mas nem tudo precisa ser tão chocantemente "duro". Se o ser humano nem sempre vai te dar o afeto que você precisa, saiba que Deus, pelo contrário, em sua perfeição te cobre do mais puro amor absolutamente incondicional.

Mesmo se sentir-se incompreendido pelos homens, não se perturbe. O amor de Deus está sempre próximo se você o buscar. Faça-o pela oração constante.

Prece
"Dá-me Senhor, um coração que aceite as coisas como são e que tenha forças para transformar aquelas que podem ser mudadas. Quero escolher a Tua Vontade Jesus, mesmo que não compreenda. Ensina-me a Te amar, Te adorar e Te escolher sempre, independente dos estímulos externos, que certamente não podem tocar no que é sagrado dentro do meu coração. Aceito, escolho e amo, Senhor... quem Tu és, quem eu sou e quem o outro é!"
Pai-Nosso
Ave-Maria

Oração a São Padre Pio
Oh, Deus, que a São Pio de Pietrelcina, sacerdote capuchinho, concedestes o privilégio de participar, de modo admirável da paixão de Vosso Filho, concedei-me, por sua intercessão, a graça de (formular o pedido)..., que ardentemente desejo e permiti, sobretudo, que eu me conforme com a morte de Jesus para alcançar, depois, a glória da ressurreição.
Glória ao Pai (3 vezes).

"O mal não se vence com o mal, mas com o bem, que tem em si uma força sobrenatural."
(São Pio)

Imagine se em nosso livre arbítrio sempre pagássemos com a "mesma moeda", ou seja, o mal com o mal. Como podemos dizer que seguimos Jesus com está postura?

Nosso Senhor Jesus, o Cordeiro imolado é nosso exemplo:

> Era desprezado, era a escória da humanidade, homem das dores experimentado nos sofrimentos; como aquele diante dos quais se cobre o rosto, era amaldiçoado e não fazíamos caso dele.
> Em verdade Ele tomou sobre si nossas enfermidades, e carregou os nossos sofrimentos, e nós o reputávamos como um castigado, ferido por Deus e humilhado.
> Mas ele foi castigado por nossos crimes, e esmagado por nossas iniquidades; o castigo que nos salva pesou sobre ele; fomos curados graças às suas chagas.
> Todos nós andávamos desgarrados como ovelhas, seguíamos cada qual nosso caminho; o Senhor fazia cair sobre ele o castigo das faltas de todos nós.
> Foi maltratado e resignou-se; não abriu a boca, como um cordeiro que se conduz ao matadouro, e uma ovelha muda nas mãos do tosquiador. Ele não abriu a boca. (Is 53, 4-8).

Meditemos que Jesus não abriu a boca por amor a cada um de nós. Este era o grande bem de amor que fez com que nosso Deus se encarnasse e sofresse todos os ultrajes, por amor a cada ser humano de forma pessoal e única.

Como batizado, cada católico tem nas mãos a feliz oportunidade de imitar o silêncio do Cordeiro Imolado.

Durante um dia, são inúmeras as ocasiões para se exercitar esse silêncio de amor. Quantas palavras mal dirigidas, falta de respeito, julgamentos e injustiças não sofremos no cotidiano? Exatamente, nessas circunstâncias ordinárias se escondem grandes chances de me assemelhar a Jesus, o Cordeiro sem mancha que não abriu a boca.

É preciso estar atento aos autoenganos inconscientes. O silêncio de Jesus que se entregou nas mãos dos homens não era um silêncio maldoso. Jesus silenciou por amor. Cuide para que seu silêncio não seja uma agressão passiva. Sinceramente, você nunca deu um "gelo" em ninguém? Pois bem, não é esse o convite. A ideia não é oferecer um silêncio de indignação, estéril, de retirada de afeto para quem me causou algum mal.

Mas, esse silêncio de Jesus é um elevar os olhos para o Céu, suspirar e oferecer ao Pai por amor.

Motivos é o que não faltam. Podemos silenciar (sempre conscientemente) pelo nosso amadurecimento como cristão, em sufrágio das almas do purgatório, pela conversão dos pecadores... enfim, sempre motive seu coração por uma causa sobrenatural e mística. Mas aprenda a fazer silêncio.

Prece

"Dá-me Senhor, um coração adorador. E para isso, ensina-me a silenciar para que possa ouvir Tua voz no Sacramento do Altar como São Pio soube ouvir. Ensina-me a romper com toda agitação interior e leva-me a entender que o primeiro passo para vencer a distração e perceber que ela existe e está em mim. Quero silenciar, meu Deus, mas o barulho interior não me permite alcançar essa graça com

facilidade. Mas sei que podes me inspirar e me ajudar a alcançar esse feito. Te contemplo, Senhor Jesus!"
Pai-Nosso
Ave-Maria

Oração a São Padre Pio
Oh, Deus, que a São Pio de Pietrelcina, sacerdote capuchinho, concedestes o privilégio de participar, de modo admirável da paixão de Vosso Filho, concedei-me, por sua intercessão, a graça de (formular o pedido)..., que ardentemente desejo e permiti, sobretudo, que eu me conforme com a morte de Jesus para alcançar, depois, a glória da ressurreição.
Glória ao Pai (3 vezes).

6

"Não se aflija a ponto de perder a paz interior. Reze com perseverança, confiança, com calma e intensidade." (São Pio)

Não resta dúvida. A oração é o caminho para se alcançar o milagre que tanto almejamos. Uma prece elevada ao Céu com intensidade e calma, naturalmente aumenta em nosso coração a virtude da esperança e confiança. A oração não se resume somente a repetição de fórmulas e orações prontas, mas no aprofundamento de um diálogo mais íntimo com Jesus.

Como tudo na vida, a oração também é um caminho que se amadurece por meio de exercícios diários. Se o indivíduo não busca fidelidade quotidiana em um colóquio com o Senhor, como vai aprender a ouvir o doce silêncio do Altíssimo?

É urgente o aprendizado da oração. O homem moderno precisa instruir-se na arte da vida espiritual. Imitar o silêncio de Jesus, deve começar dentro da capela ou do quarto fechado em prece para depois transbordar no dia a dia.

Exatamente o contrário nos é oferecido hoje pelo mundo, que de maneira muito sedutora chama o ser humano de hoje a diversas atividades rápidas e aceleradas. O universo da internet e das redes sociais exigem ligeireza para que não se fique para traz e fuja de padrões. O que causa aos poucos desespero e desconfiança, pois seguir os passos do mundo nos coloca nas mãos daqueles que comandam o mundo.

Evidentemente, a agitação cotidiana afugenta a paz interior do coração humano. E hoje, o convite de nosso amado São Pio culmina justamente em não permitir que isso aconteça. Não se aflija.

Interessante que ele diz "não se aflija". Poderia se expressar dizendo "não te deixe afligir", precisamente porque é a própria pessoa que sempre se aborrece.

E por mais que as pessoas possam querer nos causar mal, somente eu tenho esse poder de fazer mal para mim mesmo. E esse é o convite de hoje. Deixe de se sabotar! Perder horas no celular, na frente da TV ou trabalhando imoderadamente, são meios da pessoa se prejudicar mesmo sem perceber e muitas vezes se impedindo de estar em oração.

São Padre Pio se fortaleceu diante das terríveis perseguições que viveu diante do mundo e das suas seduções, por meio de uma oração cheia de intimidade com Deus. Foi capaz de suportar as dores de Cristo crucificado em sua carne e rezava para que Jesus sempre ficasse ao seu lado. Felizmente, nosso amado Frade de Pietrelcina deixou para nós uma belíssima herança de oração composta em momentos de grande tribulação. Rezemos esta oração neste momento pedindo a Jesus... fica comigo, Senhor!"

Prece

Fica Senhor comigo, pois preciso da Tua presença para não Te esquecer.

Sabes quão facilmente posso Te abandonar.

Fica Senhor comigo, porque sou fraco e preciso da Tua força para não cair.

Fica Senhor comigo, porque és minha vida, e sem Ti perco o fervor.

Fica Senhor comigo, porque és minha luz, e sem Ti reina a escuridão.

Fica Senhor comigo, para me mostrar Tua vontade.

Fica Senhor comigo, para que ouça Tua voz e Te siga.

Fica Senhor comigo, pois desejo amar-Te e permanecer sempre em Tua companhia.

Fica Senhor comigo, se queres que Te seja fiel.

Fica Senhor comigo, porque, por mais pobre que seja minha alma, quero que se transforme num lugar de consolação para Ti, um ninho de amor.

Fica comigo, Jesus, pois se faz tarde e o dia chega ao fim; a vida passa, e a morte, o julgamento e a eternidade se aproximam. Preciso de Ti para renovar minhas energias e não parar no caminho. Está ficando tarde, a morte avança e eu tenho medo da escuridão, das tentações, da falta de fé, da cruz, das tristezas. Oh, quanto preciso de Ti, meu Jesus, nesta noite de exílio.

Fica comigo nesta noite, Jesus, pois ao longo da vida, com todos os seus perigos, eu preciso de Ti. Faze, Senhor, que Te reconheça como Te reconheceram Teus discípulos ao partir do pão, a fim de que a Comunhão Eucarística seja a luz a dissipar a escuridão, a força a me sustentar, a única alegria do meu coração.

Fica comigo, Senhor, porque na hora da morte quero estar unido a Ti, se não pela Comunhão, ao menos pela graça e pelo amor.

Fica comigo, Jesus. Não peço consolações divinas, porque não às mereço, mas apenas o presente da Tua presença, ah, isso sim te suplico!

Fica Senhor comigo, pois é só a Ti que procuro Teu amor, Tua graça, Tua vontade, Teu coração, Teu Espírito, porque Te amo, e a única recompensa que Te peço é poder amar-Te sempre mais. Como este amor resoluto desejo amar-Te de todo o coração enquanto estiver na Terra, para continuar a Te amar perfeitamente por toda a eternidade.

Amém.

Que esta oração toque seu coração para se manter fiel até o fim. Que bom que você está fazendo este itinerário de crescimento espiritual e humano. Se demorando mais nas coisas de Deus. Aproveite esse tempo para organizar seus horários, seus compromissos, sua vida de oração.

Pai-Nosso
Ave-Maria

Oração a São Padre Pio
Oh, Deus, que a São Pio de Pietrelcina, sacerdote capuchinho, concedestes o privilégio de participar, de modo admirável da paixão de Vosso Filho, concedei-me, por sua intercessão, a graça de (formular o pedido)..., que ardentemente desejo e permiti, sobretudo, que eu me conforme com a morte de Jesus para alcançar, depois, a glória da ressurreição.
Glória ao Pai (3 vezes).

7

"O tempo que se consagra à Glória de Deus e ao bem-estar do próximo nunca é desperdiçado." (São Pio)

Perder tempo é algo que ninguém deseja.
Em vista disso tem muitas pessoas que usam seu tempo em muitas atividades com a ânsia de produzir mais e mais. Com a vanguarda da internet, há aqueles que não trabalham as oito horas, mas ficam por conta de serviços digitais nas manhãs, tardes e noites, se não também nas madrugadas.

Há cabeças que nunca param. O tempo todo pensando no próximo movimento de trabalho a ser feito. Quantos não chegam a perder o sono por conta de diversas preocupações a serem desenvolvidas e naturalmente mais ansiosas se deparam com a insônia. E, consequentemente uma vida amontoada de trabalhos executados, sem uma boa noite de descanso vai certamente causar o estresse, tão presente nas pessoas da atualidade.

Uma coisa puxa a outra seguramente. É a famosa "bola de neve" que leva a repetição dessa sabotagem interior. E a pessoa acha que está usando bem o tempo, pelo fato de "fazer" muitas atribuições, similar a Marta (Cf. Lc 10, 38-42) que no Evangelho perde a oportunidade de ouvir o Senhor.

Vale ressaltar que, o problema não está no trabalho ou nas atividades, pelo contrário, o serviço é dom de Deus e dignifica o homem. O desafio está na falta de equilíbrio no uso da mesma.

A pessoa corre o risco de buscar incessantemente o que deseja por meio de seu esforço, como se pudesse tudo. E mesmo tendo experiências que provam o contrário, ainda assim insistem em manter-se em um esquema de flagelo emocional e físico.

Não vai adiantar preocupações excessivas. Há um Salmo que diz: "É inútil levantar de madrugada ou a noite retardar o seu repouso, para ganhar o pão sofrido do trabalho que Deus concede aos seus amados enquanto dormem" (Salmo 122.2). E, por mais que cada um deva se esforçar em seus afazeres, não deve jamais ser escravo de seu trabalho, pois Deus é o Senhor de tudo. *"Olhai como crescem os lírios do campo: eles não trabalham nem fiam. Porém, eu vos digo: nem o rei Salomão, em toda a sua glória, jamais se vestiu como um deles. Ora, se Deus veste assim a erva do campo, que hoje existe e amanhã é queimada no forno, não fará ele muito mais por vós, gente de pouca fé?" (Mt 6, 28-30)*

Aprender a impor limites em nossas atividades vai certamente amansar nosso coração tão agitado. Entenda uma coisa... em um coração manso é mais fácil a virtude da fé fazer morada. E, sem fé, não há milagres!

Experimente no dia de hoje separar um tempo para realizar algum ato de amor. Se puder, visite um asilo, dê um alimento para alguém mais necessitado, faça um agrado para seu esposo ou esposa, sorria para seu filho, enfim... Um tempo que se consagra à Glória de Deus e ao bem-estar do próximo nunca é desperdiçado.

Prece
"Dá-me Senhor, a graça do bom uso do meu tempo. Que essa grande dádiva que o Senhor nos proporciona possa ser usada para a vivência do amor. Ensina-me a amar hoje aqueles que tens colocado ao meu lado em minha família, em meu trabalho e na minha igreja. Faz de mim dócil suficiente para impor limites sobre as atividades do dia a dia, para que possa amar mais as pessoas. Tira do meu peito,

toda ganância que me impede de ver a beleza da vida que nos destes. Quero ser mais Teu!"
Pai-Nosso
Ave-Maria

Oração a São Padre Pio
Oh, Deus, que a São Pio de Pietrelcina, sacerdote capuchinho, concedestes o privilégio de participar, de modo admirável da paixão de Vosso Filho, concedei-me, por sua intercessão, a graça de (formular o pedido)..., que ardentemente desejo e permiti, sobretudo, que eu me conforme com a morte de Jesus para alcançar, depois, a glória da ressurreição.
Glória ao Pai (3 vezes).

*"Onde não há amor
não há Deus."* (São Pio)

O "Amor"... Essa palavrinha tão usada e ao mesmo tempo tão mal interpretada. O verdadeiro amor não é um sentimento, mas uma Pessoa, Jesus. E não encare isso como uma frase clichê, mas como uma verdade teológica de fé. Deus é amor (1Jo 4,8), e essa é a base magnifica da essência da caridade que nunca vai passar.

"Onde reina o amor, Deus ali está", (*Ubi caritas et amor, ubi caritas Deus ibi est*) e, a partir dessa constatação de que onde está o amor, Deus aí está, podemos entender que Deus está no amor entre os esposos, entre os pais e os filhos, entre os amigos e o amor entre as mais diversas formas de expressão cristã. Ressalto, no entanto, que esse amor não pode ser reduzido ao afeto que é apenas uma forma de se expressar o amor.

Certa vez, uma pessoa me procurou nas redes sociais e fez a seguinte constatação: "meu marido diz que não me ama mais, mas diz que não tem coragem de sair de casa, pois se preocupa comigo e com nosso filho. O que fazer?" E, respondi de imediato que, essa preocupação do esposo era um grande amor de benevolência, é o verdadeiro amor (instintivo e cristão) de um pai de família. Só que alguém precisava abrir os olhos dele para essa verdade, por que evidentemente, ele tem aquela primitiva crença de que só aquele sentimento afetivo "adolescente" é amor.

Jesus também está presente naquela paixão inicial de um casal de namorados, mas, o mesmo Jesus vai crescendo em sabedoria, estatura e graça no mesmo relacionamento e o amor ainda depois dos anos não muda, mas se transforma e amadurece. Se o amor de Deus é esse amor crucificado por causa do outro, logo o amor no sacramento do matrimônio deve também comungar desse amor de alteridade, de entrega um pelo outro.

Mas, se as pessoas não quiserem ser transformadas, naturalmente o amor também não cresce. E, mudar de parceiro ou parceira só vai fazer viver o mesmo sentimento do passado, em uma busca frenética de gratificação adolescente, e fatalmente no futuro vai querer trocar de novo. E assim forma-se um círculo vicioso de busca de afeto.

Estou mencionando um casal como modelo, mas em qualquer relacionamento deve-se observar esse amor de Deus.

Olhe no dia de hoje para sua convivência, para as pessoas que moram, trabalham ou que fazem parte de sua vida. Se pergunte, você realmente está vivendo o amor de Deus nos seus relacionamentos ou um amor egoísta de busca dos próprios afetos?

Prece
"Dá-me Senhor, um coração que se doa, que se entrega, que se abandone no amor. Diante do grande clamor de sofrimento que todo o mundo geme, ensina-me a dar o melhor de mim como fez São Pio em cada Santa Missa. Que nas minhas responsabilidades, dentro do meu estado de vida que eu possa dar-me por inteiro e por amor, o melhor que tenho e o melhor de mim. Eu Te glorifico, Senhor!
Pai-Nosso
Ave-Maria

Oração a São Padre Pio
Oh, Deus, que a São Pio de Pietrelcina, sacerdote

capuchinho, concedestes o privilégio de participar, de modo admirável da paixão de Vosso Filho, concedei-me, por sua intercessão, a graça de (formular o pedido)..., que ardentemente desejo e permiti, sobretudo, que eu me conforme com a morte de Jesus para alcançar, depois, a glória da ressurreição.

Glória ao Pai (3 vezes).

"Ame a humildade e a simplicidade."(São Pio)

Viver as virtudes da humildade e simplicidade não são sinônimos de inferioridade e baixa estima. Essas virtudes que os santos viveram são valores que devem ser vividos conscientemente.

A timidez, o medo de se expressar e a autodesvalorização, são sentimentos que agem escondidos, dentro do coração do homem e não devem ser confundidos com virtude.

Segundo o Catecismo da Igreja Católica (1803), "A virtude é uma disposição habitual e firme para praticar o bem". Permite à pessoa não somente praticar atos bons, mas dar o melhor de si mesma. A pessoa virtuosa tende para o bem com todas as suas forças sensíveis e espirituais; procura o bem e opta por ele em atos concretos.

Por isso, que importa compreender que viver a humildade como virtude não é uma autodepreciação com expressões vitimistas: "Ah, eu não presto", "eu não mereço", "eu tenho medo", "eu só erro"... isso não é simplicidade, mas autocomiseração.

O catecismo vai dizer que a virtude é uma disposição habitual e firme para praticar o bem... E, como alguém pode praticar o bem se autodestruindo?

Esses movimentos depreciativos são inconscientes, ou seja, não são percebidos pelas pessoas. Mas hoje estamos trazendo à sua consciência para que esses sentimentos não sejam um impedimento para o milagre que você vai alcançar.

Mais uma vez vale ressaltar o exercício das virtudes. São Padre Pio durante várias situações de sua vida, se viu tendo que viver humildemente a obediência. No auge de sua "fama" em meio a tantas pessoas que vinham de todos os lados procurar o frade de Pietrelcina, já ferido pelos estigmas e debilitado, sofreu várias acusações apresentadas para o Vaticano pelo Bispo de Manfredônia, Dom Pasquale Gagliard. Isso se deu porque os sacerdotes de sua diocese (que abrangia São Giovanni Rotondo) estavam enciumados com o afluxo de fiéis que se dirigiam ao convento para se confessar com o Frei Pio.

Essas e outras várias medidas provocaram bastante humilhação e sofrimento ao coração do frade. E aqui se fez necessário a virtude da humildade. São Pio obedeceu ao exílio que lhe foi imposto de somente poder celebrar a missa na capela interna do convento. Aceitou na simplicidade dizendo que, assim, se dedicaria mais à vida de oração. Somente sentia por não poder beneficiar mais tantas pessoas que o procuravam na confissão.

Evidente, que tal postura não foi adquirida de um dia para o outro, dentro dos seus vários anos de convento, São Pio foi exercitando a virtude da humildade e simplicidade. Quando chegou a hora de uma provação muito grande... soube como lidar com brandura de coração.

Dê o passo concreto na vivência da humidade, mas de forma consciente, sabendo o que você está fazendo. Acredite, no momento do seu dia que aparecer a oportunidade de praticar a simplicidade, você vai saber.

Prece

"Dá-me Senhor, as virtudes de humildade e caridade de São Padre Pio. Desejo ir para o Céu, mas sabes que sou fraco e preciso de sua ajuda. Inflama-me de coragem e ardor humildes e caridosos para atravessar o vale de lá-

grimas. Deixa-me voar, Senhor nas asas da pureza e da castidade de coração. Guarda-me na vida divina que me deu no Batismo. Eu Te amo Jesus!"
Pai-Nosso
Ave-Maria

Oração a São Padre Pio
Oh, Deus, que a São Pio de Pietrelcina, sacerdote capuchinho, concedestes o privilégio de participar, de modo admirável da paixão de Vosso Filho, concedei-me, por sua intercessão, a graça de (formular o pedido)..., que ardentemente desejo e permiti, sobretudo, que eu me conforme com a morte de Jesus para alcançar, depois, a glória da ressurreição.
Glória ao Pai (3 vezes).

10

"O amor e o temor sempre devem andar juntos. O temor sem amor torna-se covardia!" (São Pio)

Se não se ama a Deus, incorremos na escuridão do medo. O medo paralisa a pessoa. Há cristãos que têm medo de muita coisa. Medo de doenças, medo da morte, medo de perder alguém que ama... E, geralmente, esse temor psicológico existe no coração de algumas pessoas exatamente pela falta do amor (no caso, aquele amor de benevolência que falamos no quinto dia).

A expressão "não temas", foi repetida 366 vezes nas Sagradas Escrituras, praticamente uma expressão de "não temas" para cada dia do ano. E o motivo de muitas vezes o ser humano não acolher essa declaração tão repetida na Palavra de Deus é exatamente a não experiência com o amor de Deus.

Se a pessoa compreender o quanto Deus de fato a ama, o medo não passaria de passageiras emoções, mas nunca esse sentimento que neutraliza tantas pessoas.

É importante, no entanto, que a gente acredite no amor de Deus, mas não duvide de sua justiça. Sabemos que a misericórdia de Deus é infinita, mas não abusemos dela. E aqui não digo que temos que temer uma ira divina, similar a certas passagens do Antigo Testamento, mas se amamos a Deus, consequentemente evitaremos ofendê-lo.

Jesus, especialmente no Santíssimo Sacramento, sofre inúmeros ultrajes e sacrilégios nos sacrários. Ele se dá por amor a nós na Eucaristia e alguns homens o maltratam e pisoteiam literalmente falando. Nesse caso, vemos o extremo oposto, não há nenhum amor e nenhum temor. Só um ódio evidentemente maligno.

Sendo assim, enquanto estamos à espera de um milagre, que nós possamos, na medida do possível, buscar uma Igreja e oferecer todo nosso amor em adoração a Jesus escondido no sacrário. Leve flores para Jesus, faça um instante de silêncio diante Dele e reze a seguinte oração:

Prece
"Meu Deus! Eu creio, adoro, espero e amo-Vos. Peço-Vos perdão pelos os que não creem, não adoram, não esperam e não Vos amam.

Santíssima Trindade, Pai, Filho, Espírito Santo, adoro-Vos profundamente e ofereço-Vos o Preciosíssimo Corpo, Sangue, Alma e Divindade de Jesus Cristo, presente em todos os sacrários da Terra, em reparação dos ultrajes, sacrilégios e indiferenças com que Ele mesmo é ofendido.

E, pelos méritos infinitos do Seu Santíssimo Coração e do Coração Imaculado de Maria, peço-Vos a conversão dos pobres pecadores."
(Oração dos pastorzinhos de Fátima)
Pai-Nosso
Ave-Maria

Oração a São Padre Pio
Oh, Deus, que a São Pio de Pietrelcina, sacerdote capuchinho, concedestes o privilégio de participar, de modo admirável da paixão de Vosso Filho, concedei-me, por sua intercessão, a graça de (formular o pedido)..., que ardentemente desejo e permiti, sobretudo, que eu me conforme com a morte de Jesus para alcançar, depois, a glória da ressurreição.
Glória ao Pai (3 vezes).

11

"Sinto tanta pena daqueles que não tem fé. Não consigo entender como podem ser ateus em um mundo onde as plantas crescem, o sol brilha, os pássaros cantam. São pessoas sem imaginação." (São Pio)

A indignação de São Pio com aqueles que não têm fé pode ser explicada pelo fato do homem não ter mais disponibilidade de observar a beleza e a verdade das pequenas coisas. Deus pode ser encontrado nas coisas simples do cotidiano. Mas, invadidos por tantas informações a todo o momento, acabamos por não mais notar a beleza ao nosso redor.

Preocupa-se muito com muitos afazeres e ações, e esquecemos do essencial. Enquanto Marta se agitava com muitas coisas para fazer, Maria escolhia a melhor parte ficando aos pés de Jesus ouvindo a Santa Palavra de Deus. (Cf. Lc 10, 38-42).

Hoje podemos nos assemelhar à Maria na sensibilidade de aprender ouvir Jesus presente em todas as coisas. Você tem algum vaso de flor ou planta, ou está em algum lugar que ofereça uma vegetação enquanto lê esse capítulo? Pois bem, Jesus pode falar ao teu coração nesta simples criatura natural.

Quando eu era adolescente, estava próximo a um jardim de um convento de padres. Fazia um encontro de jovens. E, em determinado momento, me afastei das pessoas e me aproximei de um pequeno horto de plantas e flores. Por alguns instantes olhando para as flores senti um impulso em meu coração: Era Deus me chamando para segui-lo na vida consagrada! Naquele momento eu não entendi e até me assustei. Lembro-me de sair correndo daquele local lindo porque tinha muito medo de responder à minha vocação. Fuga que, evidentemente não adiantou muita coisa, pois estou aqui como um consagrado.

Entretanto, quis compartilhar essa experiência, porque depois que Deus interagiu comigo através de um jardim florido, algo tão importante aconteceu na minha vida! O Senhor pode nos alcançar até mesmo em uma bela flor.

Sempre que eu vejo um jardim, me lembro do motivo de estar aqui na vida consagrada. Ou seja, por que por um breve instante, mesmo sem querer, ao me colocar diante de um pequeno pedaço da natureza, Deus já falou tanto. Quanto mais podemos fazer isso conscientemente.

Este é o convite de hoje: Faça um breve instante de silêncio diante de qualquer pequeno pedaço da natureza. Deus vai te inspirar.

Prece
"Dá-me Senhor, uma fé renovada através de tantos sinais que o Senhor me dá. Ensina-me a contemplar Tua visita no nascer o no pôr do sol, no florescer das plantas, no alimento que pela Tua providencia está em minha mesa... e, ensina-me a contemplar Tua beleza nas pessoas com quem convivo, mesmo que não seja fácil... Quero renovar minha fé segundo o exemplo de São Pio e não duvidar, nem nas pequenas e nem nas grandes coisas. Acredito em Ti, Jesus!"
Pai-Nosso
Ave-Maria

Oração a São Padre Pio
Oh, Deus, que a São Pio de Pietrelcina, sacerdote capuchinho, concedestes o privilégio de participar, de modo admirável da paixão de Vosso Filho, concedei-me, por sua intercessão, a graça de (formular o pedido)..., que ardentemente desejo e permiti, sobretudo, que eu me conforme com a morte de Jesus para alcançar, depois, a glória da ressurreição.
Glória ao Pai (3 vezes).

12

"Deixe o Espírito Santo agir em você!" (São Pio)

Uma coisa é definitiva: Não somos marionetes nas mãos de Deus. Fomos criados com o dom da liberdade. E, em nosso livre arbítrio, podemos escolher entre o bem e o mal, entre a vida e a morte.

Quando pedimos para que o Espírito Santo possa agir em nós não significa que vamos entrar em um transe deixando de ser quem nós somos em nossa sã consciência. Muito pelo contrário, deixar o Espírito agir em nós significa termos domínio sobre nosso o nosso ser. Somente se a pessoa tem o dom de si poderá se entregar para que Deus possa realizar a sua obra.

Não resta dúvida que, nestes dias de oração, o mesmo Espírito de Deus possa estar batendo à porta de seu coração. Mas entenda a seguinte coisa. Ele está educadamente batendo, não arrombando. Porque Deus respeita nossa liberdade.

E aqui começa um diálogo entre Deus e o homem. Ele quer entrar e o batizado pode deixar entrar. É relacional, não opressor. Essa é a frase de São Pio: "Deixe o Espírito Santo agir em você!", o verbo usado por nosso Frei de Pietrelcina é "deixe"... é sim uma opção.

Se você perguntasse como escolher o Espírito e deixar a porta do coração abrir, eu diria que a chave do seu coração é o amor. Aquele que ama a Deus, e se exercita dia a dia para amar cada vez mais, tem essa chave nas mãos.

No dia de hoje faça essa pergunta em oração: O que vamos fazer juntos hoje Espírito Santo?

Acredite que Ele estará com o teu coração disposto a te acompanhar em cada ação do seu dia. Onde o Espírito não for bem-vindo, você também não será. Compreende?

Prece
"Dá-me Senhor, uma nova porção vinda do Teu Santo Espírito. Sabes o quanto sou falho e desisto fácil, então não me desampare, Vos suplico por Teu amor! Dá-me a graça de acolher as inspirações vinda do Divino Paráclito, e não desistir agora. Fecunda em meu peito a força do Espírito Santificador para que todos os meus passos sejam guiados por tão bondosa mão. Quero ser amigo do Espírito Santo!"
Pai-Nosso
Ave-Maria

Oração a São Padre Pio
Oh, Deus, que a São Pio de Pietrelcina, sacerdote capuchinho, concedestes o privilégio de participar, de modo admirável da paixão de Vosso Filho, concedei-me, por sua intercessão, a graça de (formular o pedido)..., que ardentemente desejo e permiti, sobretudo, que eu me conforme com a morte de Jesus para alcançar, depois, a glória da ressurreição.
Glória ao Pai (3 vezes).

13

"Temos tantos defeitos para criticar em nós mesmos, então por que ficar criticando os defeitos alheios?" (São Pio)

Vamos encarar essa palavra "criticar" no sentido construtivo. A crítica é uma avaliação que, se for feita no amor, pode ser um grande movimento de crescimento para o ser humano.

Como se faz importante que, primeiramente, a pessoa aprenda a olhar para si mesma. Encarar os defeitos, falhas e conflitos é fundamental para alcançar o autoconhecimento e o amadurecimento.

É comum as pessoas terem medo de olharem para dentro de si. Ficam apreensivas com o que podem encontrar. Corre-se o risco de uma visão fantasiosa de nós mesmos e isso faz com que fiquemos receosos de nos conhecermos mais por dentro.

Fantasia-se não ter erros, mesmo sabendo que se tem. Na verdade, todos têm falhas e, se deparar com essa realidade antropológica, facilita uma visão mais realista de si. Entender que as pessoas podem ter dentro de si dons, qualidades e virtudes e, ao mesmo tempo, ter fraquezas, defeitos e concupiscência é libertador. Exatamente porque sabendo disso o indivíduo deixa de querer alcançar uma vida toda perfeita a todo custo e além de não conseguir, evidentemente vai ainda criticar os limites dos outros.

Criticar o outro na verdade é muito fácil, desafiador mesmo é a crítica que envolve o próprio ser da pessoa.

Outra vertente que precisamos despertar é a libertação de nosso coração do mal da maledicência e da fofoca em nosso meio, na família, no trabalho... por mais desafiador que seja, nunca devemos falar do outro pelas costas. Geralmente, naturalizamos e agimos em meio ao falatório acerca do outro sem nos apercebermos. Contudo, se trouxermos à consciência, e fizermos o firme o firme propósito, podemos dizimar esse péssimo hábito em nosso meio, senão ao menos diminuir o máximo que pudermos. Um tema tão falado e condenado, entretanto, não renunciado por muitos.

Durante a sua vida, São Pio formou um exército que ele denominou de "Filhos espirituais", as pessoas se colocavam sob sua orientação e guia espiritual. Observemos o seguinte episódio:

> Um dia, enquanto o Padre Pio estava passando pela sala de São Francisco, ele foi abordado por um jovem rapaz que lhe pediu para ser seu filho espiritual. A breve resposta do Padre Pio foi: "Sim". Todavia, o rapaz, continuou: "Mas Padre, na próxima semana eu estarei me mudando para a América, onde vou morar com minha família", e o Padre Pio respondeu: "Você pensa que eu não posso ir até lá e bater na sua face se você não levar uma vida reta?"[4]

Vida reta! É o que somos chamados a viver. Que São Pio continue nos exortando nos próximos dias para que despertemos para um verdadeiro caminho de conversão enquanto se espera o milagre acontecer!

Prece

"Dá-me Senhor, bater no peito por minha miséria, dá-me Senhor chorar os meus muitos pecados, e faz-me simples e pequeno. Não permitais que eu seja orgulhoso e ensina-me a buscar o que se esconde no mistério de Tua encarnação, na Tua Pobreza e no Teu rebaixamento.

---

4. WINOWSKA, Maria. *Padre Pio*, o estigmatizado.

Não deixe que eu seja um contratestemunho em meio a esse mundo, mas a exemplo de São Pio me permita morrer para esse mundo e renascer para uma vida nova, hoje e sempre. Quero Te imitar, Jesus!"
Pai-Nosso
Ave-Maria

Oração a São Padre Pio
Oh, Deus, que a São Pio de Pietrelcina, sacerdote capuchinho, concedestes o privilégio de participar, de modo admirável da paixão de Vosso Filho, concedei-me, por sua intercessão, a graça de (formular o pedido)..., que ardentemente desejo e permiti, sobretudo, que eu me conforme com a morte de Jesus para alcançar, depois, a glória da ressurreição.
Glória ao Pai (3 vezes).

14

"Sejamos humildes e cheios de confiança. Jesus disse que encontrava sua alegria entre os filhos dos homens e humilhou-se ao chamar-se Filho do homem. Tenhamos confiança n´Ele, que nos ama e diz a cada um: 'Vinde a mim!'" *(São Pio)*

Quando São Padre Pio tinha completado trinta e um anos em uma sexta-feira, 20 de setembro, enquanto fazia ação de graças, após ter celebrado uma missa, se encontrava sozinho meditando ardorosamente a Paixão de Jesus Cristo diante de um crucifixo, totalmente compenetrado e contemplativo diante dos sofrimentos de Jesus na Cruz e, de repente:

> Eis que o personagem misterioso, o mesmo que lhe havia aparecido no dia 5 de agosto, apareceu novamente para ele com uma diferença: ele tinha as mãos e os pés sangrando! A visão deixou um efeito inesperado. Conforme o próprio frade testemunhou: "Reparei que minhas mãos e meus pés e meu peito estavam transpassados e escorriam sangue!" A simplicidade do relato contém algo dramático! Naquele instante, as marcas sangrentas das chagas de Cristo estavam impressas no corpo do Frei Pio.[5]

Esse fato magnifico e extraordinário da vida de São Pio, é um grande chamado de amor. É um "vinde a mim" radical e profundo a ponto de marcar seu corpo e alma. Ele teve de confiar humildemente, teve de mergulhar na confiança a Deus. Com esse fenômeno, o frágil e ao mesmo tempo forte frade aprendeu a renunciar definitivamente ao mundo com seus encantos.

Hoje, de forma distinta, Jesus docemente nos chama: 'Vinde a mim'! Pede que confiemos humildemente em seu amor por nós. É um chamado constante e puro, mas o ser humano não consegue escutar.

As vozes do mundo são sedutoras e apelativas, fazendo nossa percepção de mundo sempre estar ligada ao padrão que a sociedade pagã oferece. Não é verdade que até mesmo em uma propaganda de margarina, a mídia insiste em mostrar sempre as pessoas felizes e satisfeitas por meio de uma linguagem de persuasão que se infiltra na mente das pessoas?

E Jesus continua chamando "Vinde a mim"... exatamente, porque além de seu amor por nós, Ele quer nos mostrar que Ele foi o Filho do homem que viveu a plenitude da nossa humanidade. E, foi justamente na contemplação desta humanidade de Cristo, que sofreu por amor a nós, que São Pio ouviu Jesus chamando: "Vinde a mim!" Ouviu tanto que, se igualou a Cristo nas marcas da Paixão.

Sim! Jesus pede para que a gente vá à Ele, quer que olhemos para seu nascimento, vida, Paixão e Morte. Quer que observemos seus ensinamentos, seus anúncios, seu modo de viver, seu modo de amar. São Pio foi chamado a se configurar com sua Paixão, outros se configuram com a pregação da Palavra, outros vivem como a santidade no meio da própria família, enfim... Escutar o "Vinde a mim" significa ser chamado a viver alguma página da vida de Cristo. Qual é a sua?

Que neste dia do nosso itinerário à espera de um milagre, você possa ir em direção de Jesus que te chama amorosamente. E isso significa que, Ele deseja primeiramente dizer em seu ouvido que você é uma pessoa absolutamente amada. E que Seu amor não significa te deixar vivendo sem desafios em seu cotidiano. Deseja quebrar essa ideia paganizada de que a felicidade é um bem-estar psicológico o tempo todo. Não! O batizado deve seguir os passos de seu Mestre Jesus e ir descobrindo sua missão no seio da Igreja. Qual é a sua?

E quando sua família passar por momentos de tribulações, entenda que você não está em um mundo de fantasias midiáticas, mas na vida real de um cristão. E que os conflitos servem para provar e intensificar o amor entre os membros de uma casa. Como entender isso? Quando você conseguir entender o que Jesus quer te dizer quando diz: 'Vinde a mim!'.

Prece
"Dá-me Senhor, compreensão e iluminação na aceitação das minhas dores para que seja associadas às Tuas. Ensina-me a Tua vontade para que eu possa saber qual minha missão neste mundo. Preciso de Tua ajuda por que está difícil de compreender, Senhor, se há tanta dor por todos os lados, tantas seduções mundanas. Como reagir nos momentos em que as dificuldades chegam? Dá-me um coração sóbrio para entender sempre que a dor não pode me afastar de Ti, mas, que pelo contrário, me une a Teu Coração Sagrado. Eu me uno a Ti, Senhor!"
Pai-Nosso
Ave-Maria

Oração a São Padre Pio
Oh, Deus, que a São Pio de Pietrelcina, sacerdote capuchinho, concedestes o privilégio de participar, de modo admirável da paixão de Vosso Filho, concedei-me, por sua intercessão, a graça de (formular o pedido)..., que ardentemente desejo e permiti, sobretudo, que eu me conforme com a morte de Jesus para alcançar, depois, a glória da ressurreição.
Glória ao Pai (3 vezes).

15

"Jesus está com você!"
(São Pio)

Saber que Jesus está conosco é a maior alegria que alguém pode ter. E está é uma verdade: Jesus está com você! Então por que mesmo assim, as pessoas ficam tristes? Desanimadas e confusas? Se é real o fato de que Cristo fica com as pessoas, por que então temos sofrimentos?

Se você receber essa Boa Nova somente com sua mente, com sua inteligência, provavelmente não compreenderá em profundidade a beleza dessa constatação. Pelo motivo de sua inteligência só conseguir captar uma parte da mensagem. Sem uma experiência do coração e do espírito, saber somente com a cabeça que Jesus está contigo é insuficiente.

O melhor momento para exercitar o acolhimento dessa verdade em seu coração e alma é no sofrimento. Isso mesmo. Se, no momento de dor, você silenciar e rezar, vai perceber que Ele está contigo. Nos momentos de alegria e consolo é fácil meu cérebro entender que Jesus está ao meu lado, mas a tempestade é a ocasião perfeita de formar no coração o amor e a proximidade de Jesus que está do nosso lado o tempo todo.

Atenção: Ter Jesus perto não significa ausência de dificuldades emocionais ou financeiras. Não podemos mais enxergar nosso Deus encarnado como um promotor civil ou um psicólogo. Essa não é a identidade de Cristo.

São Pio nos ensina:

> No auge da tempestade, «a alma repousa nos braços do Divino Esposo, como criancinhas nos braços da mãe. Não tenhais medo: dormi tranquilamente, com a firme certeza de como o Senhor vos

há-de conduzir até ao que é melhor para vós» E acrescenta: «Não julguem que falo sem pensar ou que pretendo tratar-vos com doçura: esta é a estrita verdade». «Se Jesus se manifesta, dizei-lhe quanto lhe estais gratos; se se esconde, dizei-lhe como lhe agradeceis sempre. Tudo é ato do amor: Tutto é scherzo d'amore».[6]

Neste caminho que estamos trilhando para alcançar uma graça, convido o seu coração a compreender isso: Podemos pedir que Jesus nos ajude em nossos desafios emocionais e financeiros, mas nosso relacionamento com Ele não deve parar nisso!

«Toda a alma predestinada deve tornar-se semelhante a Jesus», escreveu ele a um filho espiritual. «Permite-lhe, pois, que te trate segundo a sua vontade»! «Quem escolheu a melhor parte deve passar por todas as dores de Cristo, partilhando com Ele as angústias do deserto, do jardim das Oliveiras, da Cruz. «Jesus quis sentir o abandono humano. Quis experimentar o indizível tormento de se sentir abandonado pelo Pai Celeste».[7]

Se você, a essa altura do nosso percurso, estiver sofrendo muito, acolha essa verdade: Jesus está com você e te ama e quer que você cresça com os desafios que vive na atualidade, que saiba associar seus sofrimentos à cruz de Cristo. Reflita sobre isso, abrace

---

6. WINOWSKA, Maria. *Padre Pio,* o estigmatizado, p.100.
7. WINOWSKA, Maria. *Padre Pio,* o estigmatizado, p.104.

isso, e daí podemos continuar nosso caminho esperando outras coisas que somente vem em acréscimo de algo muito maior!

Prece
"Dá-me Jesus, suportar o seu silêncio, que sei é para meu crescimento espiritual. Deixa-me Te amar mesmo sem sentir muitas vezes Tua presença. Ilumina minha alma para compreender que o Teu amor por mim vai muito além de consolações. Sei que mesmo escondido está junto ao meu coração, e mesmo dormindo em seu travesseiro, como na barca com os discípulos, é para que eu entenda de uma vez por todas que está tudo bem. Quero ter mais fé diante da aridez, Senhor!"
Pai-Nosso
Ave-Maria

Oração a São Padre Pio
Oh, Deus, que a São Pio de Pietrelcina, sacerdote capuchinho, concedestes o privilégio de participar, de modo admirável da paixão de Vosso Filho, concedei-me, por sua intercessão, a graça de (formular o pedido)..., que ardentemente desejo e permiti, sobretudo, que eu me conforme com a morte de Jesus para alcançar, depois, a glória da ressurreição.
Glória ao Pai (3 vezes).

16

*"Aspiremos à felicidade que
nos foi preparada por Deus."*
(São Pio)

À medida que caminhamos, vamos amadurecendo e purificando nossas motivações. Afinal de contas, será que o que desejamos realmente é o que vai nos trazer felicidade?

Percebemos que, o mundo mal educou nosso coração de cristão a nos igualarmos ao padrão de beleza e felicidade. Logo, se não nos enquadramos ao que é ditado como prosperidade ficamos infelizes.

Tenho insistido no ponto de não mais olharmos a vida como um final feliz de uma novela, isso é enganoso. A verdadeira felicidade não se encontra aqui. Um cristão feliz é aquele que consegue encarar a realidade das coisas e dos desafios e confiando em Deus não se deixa abalar, porque sabe que a bem-aventurança eterna alcançará na vida eterna.

E, isso não significa que temos que viver num eterno "vale de lágrimas" nesta terra. Muito pelo contrário, quando compreendo que a realidade inclui altos e baixos e, aprendo a lidar com isso, me deparo com uma felicidade e uma alegria madura, que não é efervescente como um refrigerante que logo perde o gás, mas constante e sóbria.

Amadurecer o coração a ponto de acolher determinados sofrimentos é um caminho de verdadeira felicidade. Pensemos em uma criança que precisa de alguns mimos para se sentir amada. Até aqui tudo bem. Mas, não é verdade que, se excessivamente mimada e protegida acaba ficando demasiadamente frágil, medrosa e birrenta. Pois bem, Deus sabe perfeitamente a quantidade de mimos que tem que nos dar para que alcancemos a felicidade que tem preparado para nós. Fique atento, os desafios que você enfrenta hoje fazem parte da preparação do seu coração. "Bem-aventurados os que choram, por que serão consolados!" (Mt 5,4)

As provações espirituais, longe de nos abaterem, deveriam alegrar-nos pela «santa semelhança» que imprimem à nossa alma. «Que Jesus seja sempre Senhor do teu coração», escreve o Padre Pio a uma das suas filhas. «Que te abençoe nesta provação e te faça uma santa! Afliges-te, minha boa criança, procurando o bem supremo? Na verdade, esse bem está em ti. Estendida na cruz, dá-te a força de suportar o martírio insuportável, dá-te coragem para amares amargamente o amor. (Amare amaramente l'Amorc.) Uma só coisa é necessária: estar perto de Jesus».[8]

Prece:
"Dá-me Senhor, a graça de amar amargamente o amor, dá-me essa coragem. Não quero Te amar somente porque me dás mimos e conforto, mas quero Te amar diante das lutas e desafios que fazem parte da vida. Que cada provação seja uma oportunidade de eu manifestar o meu louvor à Ti. E que mesmo com a lágrima caindo eu possa sorrir para Ti cheio de confiança e esperança. Quero estar perto de Ti em todos os momentos da vida!"
Pai-Nosso
Ave-Maria

Oração a São Padre Pio
Oh, Deus, que a São Pio de Pietrelcina, sacerdote capuchinho, concedestes o privilégio de participar, de

---

8. WINOWSKA, Maria. *Padre Pio*, o estigmatizado, p.105.

modo admirável da paixão de Vosso Filho, concedei-me, por sua intercessão, a graça de (formular o pedido)..., que ardentemente desejo e permiti, sobretudo, que eu me conforme com a morte de Jesus para alcançar, depois, a glória da ressurreição.

Glória ao Pai (3 vezes).

17

*"A tristeza é coisa
do demônio."
(São Pio)*

O ser humano tem em si uma grande riqueza de sentimentos. E, sentimentos são amorais. Não são nem bons nem ruins. Isso mesmo. Até mesmo a ira, se for corretamente canalizada, pode ser boa. Por exemplo, podemos ter ira pelo pecado. Pensemos na ansiedade, que se for usada para o bem, pode auxiliar uma pessoa a se preparar para algo que vai desempenhar, como uma palestra. Os sentimentos nos foram dados por Deus e todos tem um sentido e uma função no magnifico emaranhado neurológico e físico do ser humano.

A tristeza também faz parte desse rol de sentimentos que fazem parte da natureza humana. E sentir a tristeza, quando somos estimulados por uma ofensa, doença ou perda de alguém que amamos e que convive com a gente é algo absolutamente normal e reprimir esse sentimento é impedir o coração de dar as voltas necessárias para se recuperar. Como um luto, por exemplo, que para ser bem vivido deve passar por várias fases.

O problema nunca está nos sentimentos, mas no consentimento demasiado de alguns deles. É impossível não sentirmos, mas é possível controlar o que sentimos. A menos que, nos deixemos levar pelo espírito da tristeza, que é demoníaco e que deseja matar e destruir.

Neste sentido podemos nos unir a São Pio e exclamar: A tristeza é coisa do demônio. A tristeza não compreendida, egoísta e confusa. Como é o caso da pessoa que fica triste porque se compara ao outro, ou que inveja e cobiça. O mesmo pecado dos anjos que caíram e, que não queriam servir a Deus. Este é o mal-uso do sentimento da tristeza. Aquela que é soberba e arrogante.

São Pio era um grande exorcista e que por sua intercessão possamos ser libertos de toda opressão maligna que queira perturbar nossa vida. Ele sofria ataques diabólicos experimentados por bom tempo nos primeiros anos de seu sacerdócio, e ainda tinha que confrontar os poderes infernais em pessoas que mostravam sinais de possessão demoníacas.

> Pe. Alberto D´Apolito, em sua época de coroinha, aos quatorzes anos, testemunhou um exorcismo conduzido pelo Padre Pio numa tarde de domingo, em maio de 1922:
> Após as Vésperas e a benção, retornamos à sacristia, onde encontramos uma possuída, que ao ver Padre Pio começou a gritar e praguejar. Padre Pio impassível e sereno, tomou o livro em suas mãos e começou o exorcismo em meio aos gritos, maldições e xingamentos da possuída. Subitamente, ela emitiu um grito altíssimo, e, por meio de uma força invisível, foi erguida no ar a uma altura de 5 metros. Nesse momento, todos começaram a correr apavorados, Padre Pio, sem se preocupar continuou os exorcismos com fé e vigor, em uma luta ferrenha contra o demônio, que, finalmente vencido, libertou a mulher.[9]

Que o Arcanjo Miguel possa vir em auxílio neste dia e bradar nos corações entristecidos neste dia: "Quem como Deus?" Pois, ninguém é como Deus! Reze agora o pequeno Exorcismo para que pela intercessão de São Miguel toda tristeza maligna seja expulsa de seu coração pela intercessão de São Padre Pio.

---

9. RUFFIN, C. Bernard. *Padre Pio*, a história definitiva, p.296.

Prece
"São Miguel Arcanjo, protegei-nos no combate,
Sede nosso refúgio contra a maldade e as ciladas do demônio,
Ordena-lhe Deus, instantemente o pedimos,
E vós, o Príncipe da milícia celeste, pela virtude divina
Precipitai no inferno a Satanás e aos outros espíritos malignos
Que andam pelo mundo para perderem as almas. Assim seja!"
Pai-Nosso
Ave-Maria

Oração a São Padre Pio
Oh, Deus, que a São Pio de Pietrelcina, sacerdote capuchinho, concedestes o privilégio de participar, de modo admirável da paixão de Vosso Filho, concedei-me, por sua intercessão, a graça de (formular o pedido)..., que ardentemente desejo e permiti, sobretudo, que eu me conforme com a morte de Jesus para alcançar, depois, a glória da ressurreição.
Glória ao Pai (3 vezes).

18

"A tristeza que oprime é própria dos filhos deste mundo e não vem de Deus."
(São Pio)

Se a tristeza é um sentimento humano que pode ser sentido por motivos naturais e sabendo que existe uma tristeza maligna que nos tenta através do orgulho da comparação. Chegou a hora de nos decidirmos em qual dessas formas de tristeza, nós vamos ancorar nosso coração.

Os filhos do mundo cobiçam em todos os sentidos: Materialmente, sexualmente e na busca de vã-glória e de sucesso egoísta. E evidentemente, acabam por caindo na tristeza que oprime seus corações, por que Deus não criou seus sentimentos para serem usados nestas circunstâncias.

Suas ambições desmedidas podem trazer certo status, mas por dentro ficam vazios. Observe quantas pessoas famosas que se destroem nas drogas, buscando prazer para fugir da tristeza que oprime, quantas mergulham na depressão por que perderem o sentido, se separam de seus cônjuges porque não sentem mais prazer de estar com a mesma pessoa.

No final das contas sente-se oprimidas mesmo usando do livre-arbítrio na busca da felicidade neste mundo.

Já os filhos de Deus, os batizados e o que esperam a bem-aventurança final, também experimentam a tristeza, mas de forma extremamente diferente.

Quando o cristão perde alguém que ama fica triste, mas o motivo é o amor pelo ente que se foi. Deve permitir sentir a dor da perda, tendo sempre os olhos fixos no Céu. Vai se recuperar, mesmo que naturalmente fique a saudade, só deve compreender que saudade não é o mesmo que tristeza. E que muitas vezes, o sofrimento e a secura da alma fazem parte deste caminho de purificação dos sentidos, tão importante para a purificação do amor.

São Pio vai dizer a uma filha espiritual:

É para seu bem que Deus a desprende dos gostos sensíveis, mas como o seu «paladar não está ainda habituado a alimentos mais delicados», não pode apreciá-los e sofre. Contudo, nesta purificação dos sentidos, a alma não poderia gozar da contemplação — «coisa toda espiritual». A noite dos sentidos é o tempo de apartar... Porém, para atingir plena maturidade, a alma devo passar «por outra provação, chamada noite do espírito». Só então o espirito se purifica de todos os obstáculos e de todas as escórias, que impedem o perfeito desenvolvimento do puríssimo amor. Quando o Senhor se comprouver em a pôr nesse estado, a sua alma sentirá tão agudo sofrimento quo há de ultrapassar em muito tudo o que a tal respeito se possa imaginar. Sentir-se-á envolta em espessas trevas, e o seu espírito será mergulhado na mais cruel repugnância. Então servirá e amará a Deus com amor mais puro, esquecendo-se de si mesma somente por Ele.[10]

Prece
Dá-me Senhor, a tranquilidade dos Santos e da Virgem Maria para mesmo diante de qualquer tribulação não esmorecer na fé e no amor. Assim como São Padre Pio, ensina-me a silenciar diante das contradições que fizerem contra minha pessoa. E mostra-me o caminho de aceitar tudo que vem de Ti, por que tudo que vem de Ti é bom, mesmo que eu não compreenda agora. Eu confio em Ti Jesus!

---

10. WINOWSKA, Maria. *Padre Pio*, o estigmatizado, p.110.

Pai-Nosso
Ave-Maria

Oração a São Padre Pio
Oh, Deus, que a São Pio de Pietrelcina, sacerdote capuchinho, concedestes o privilégio de participar, de modo admirável da paixão de Vosso Filho, concedei-me, por sua intercessão, a graça de (formular o pedido)..., que ardentemente desejo e permiti, sobretudo, que eu me conforme com a morte de Jesus para alcançar, depois, a glória da ressurreição.
Glória ao Pai (3 vezes).

19

*"Nas tentações, combata com coragem!
Nas quedas, humilhe-se, mas não desanime!"*
(São Pio)

Uma das grandiosas missões de São Pio era atender os penitentes nas confissões. Durante os anos o número de pessoas que procuravam o Frei Pio era tão grande que haviam filas intermináveis na Igreja, haja vista que ele chegava a ficar até oito horas no confessionário.

Veja o relato sobre os desafios para ser atendido por são Pio:

> Diante do confessionário, a grade lembra um dique, onde as vagas vão quebrar-se. Metade da Igreja está reservada para aquelas a quem chegou a vez. Não imaginem coisa fácil ser confessado pelo Padre Pio! É exigida a passagem por diversos filtros, para amortecer o choque inicial. Sobretudo, é necessário esperar, pelo menos, três ou quatro dias. (WINOWSKA, 41)

O Papa Francisco falou em uma de suas homilias: Deus nunca se cansa de nos perdoar[11], somos nós que cansamos de pedir perdão.

E certamente nos falou isso para esclarecer ao coração dos fiéis que a misericórdia de Deus é infinita e grandiosa. A humanidade é falível e tem marcada em sua carne a concupiscência por causa do pecado original. E mesmo lavados pelas águas do batismo, temos que aprender a lidar com esta inclinação para o mal.

Evidente que lidar com ela não significa consentir com o pecado ao qual somos inclinados, mas compreender e acolher que somos pecadores, mas chama-

---

11. https://noticias.cancaonova.com/papa/deus-nunca-se-cansa-de-nos-perdoar-disse-o-papa-francisco/ acesso em 17/1/2022.

dos a lutar contra o pecado que destrói o homem.

Todos temos pecados na nossa história. Vale ressaltar, que se esses pecados foram confessados, logo sacramentalmente eles foram perdoados por Deus. E se houverem não confessados, saiba que Jesus te espera na pessoa do sacerdote para te livrar dos pecados passados e te dar a paz.

Hoje convidamos você a realização de um bom exame de consciência. Contudo, realize o exame de consciência[12] com olhar misericordioso para você mesmo. A contrição necessária, ou seja, o arrependimento, não precisa ser um sentimento punitivo. Mas, um coração arrependido por ter ofendido a Deus que pede que O amemos e nos amemos uns aos outros, e por todas as negligências que realizamos voluntariamente diante do amor.

As pessoas que se confessavam com São Pio tinham a alma purificada. Veja o que alguns penitentes confessados falaram:

> Um penitente disse-me: «Tenho a impressão de ter mergulhado no Sangue de Cristo. A alma sal regenerada, ressurge, nova, após esse banho». Observo as faces, estranhamente pacificadas, radiosas de secreta alegria, as faces das mulheres que acabam de se confessar e ajoelham junto comigo, recitando as orações da penitência. Uma delas diz-me: «Sinto-me tão leve, tão leve! ».[13]

---

12. Exame de consciência pode ser encontrado nos anexos
13. WINOWSKA, Maria. *Padre Pio*, o estigmatizado, p.47.

Os próximos passos são: A realização do exame de consciência (anexo) e em seguida buscar a reconciliação com Deus por meio do sacramento da confissão. Procure um padre, se prepare e se reconcilie com Deus! Após a confissão recite o Ato de contrição:

Prece
"Meu Deus, porque sois infinitamente bom e Vos amo de todo o meu coração, pesa-me de Vos ter ofendido e, com o auxílio da Vossa divina graça, proponho firmemente emendar-me e nunca mais Vos tornar a ofender. Peço e espero o perdão das minhas culpas pela Vossa infinita misericórdia. Amém."
Pai-Nosso
Ave-Maria

Oração a São Padre Pio
Oh, Deus, que a São Pio de Pietrelcina, sacerdote capuchinho, concedestes o privilégio de participar, de modo admirável da paixão de Vosso Filho, concedei-me, por sua intercessão, a graça de (formular o pedido)..., que ardentemente desejo e permiti, sobretudo, que eu me conforme com a morte de Jesus para alcançar, depois, a glória da ressurreição.
Glória ao Pai (3 vezes).

"Não se fixe voluntariamente naquilo que o inimigo da alma lhe apresenta."
(São Pio)

Realizar um exame de consciência deve ser sempre com o coração iluminado pelo Espírito Santo, para que o inimigo não sussurre em nosso interior o sentimento de que Deus não vai nos perdoar.

A culpa, psicologicamente falando, diferentemente da culpa da contrição espiritual, paralisa a pessoa e a deixa estacionada em uma ação feita no passado como algo irremediavelmente perdoável. E isso é mentira influenciada pelo maligno. Pois, todos podemos ser perdoados.

Mesmo nos crimes mais horrendos, se houver arrependimento e confissão, o pecador tem direito a absolvição no tribunal divino. O que não o exime de pagar pelos erros no âmbito civil e penal da sociedade em que mora.

O fato é que a culpa psicológica, o ressentimento consigo mesmo, diante de uma falha do passado, impede o coração da pessoa de encontrar com a misericórdia divina. E viver com esse tipo de dor no coração é algo terrivelmente perturbador, podendo causar diversos efeitos emocionais como o desespero, a depressão e perda de sentido da vida.

Quando nos deparamos com casos de pessoas que traem seus cônjuges e vivem uma vida desregrada abandonando a própria família, sempre nos perguntamos por que um esposo, por exemplo, faria isso?

E importa esclarecer que, nem sempre a tentação de ações como esta se relaciona a motivações óbvias como sexualidade ou ao fato de a pessoa ter um mal caráter. Mas, pode acontecer por conta de sentimentos escondidos, culpas que a pessoa não teve coragem de enfrentar conscientemente, que carrega dentro do seu coração, e, sem saber acaba se autocondenando na realização de atos moralmente ruins. Não deixa de ser uma forma de se punir. Acredite a pessoa que trai outra pessoa está primeiramente traindo a si mesma.

Prece
"Dá-me Senhor, a graça de me perdoar. Sei que me perdoas, agora ilumina meu coração para que eu aprenda a ressignificar meus erros do passado. Tira toda culpabilidade emocional, todo peso de palavras que me falaram, toda maldição, vícios passados e fortalece-me na vivencia do momento presente, onde se encontra a Tua Divina misericórdia em minha vida. Quero aprender a me amar, Jesus!"
Pai-Nosso
Ave-Maria

Oração a São Padre Pio
Oh, Deus, que a São Pio de Pietrelcina, sacerdote capuchinho, concedestes o privilégio de participar, de modo admirável da paixão de Vosso Filho, concedei-me, por sua intercessão, a graça de (formular o pedido)..., que ardentemente desejo e permiti, sobretudo, que eu me conforme com a morte de Jesus para alcançar, depois, a glória da ressurreição.
Glória ao Pai (3 vezes).

21

"Tenha Jesus Cristo em seu coração e todas as cruzes do mundo vão parecer rosas!"
(São Pio)

Precisa-se despertar para a presença de Jesus no seu próprio coração e mais do que isso, é preciso deixá-lo reinar através dos comportamentos e ações do cotidiano.

Ter Jesus no coração significa dar vazão para que Ele opere suas virtudes através da liberdade dos meus atos. Jesus pregou, viveu e se entregou em uma cruz por amor a cada um. Sendo assim, viver o amor que tudo perdoa, tudo crê, tudo suporta (Cf. 1Cor 13, 4-7) é ter o próprio Cristo no coração de suas atitudes.

Dentro da fragilidade de nossas decisões humanas do dia-a-dia, escolher deixar Jesus reinar interiormente é uma escolha inteligente. Mesmo que a pessoa não praticasse o catolicismo, seguir os passos de Jesus é sinônimo de felicidade. Não por causa de ausência de desafios e lutas, mas exatamente pelo contrário, diante da realidade árdua do cotidiano humano, imitar Jesus é amadurecer a forma de lidar com as provocações emocionais a que o homem é submetido a todo momento e por todos os lados.

Além do amadurecimento diante da vivência das cruzes do mundo, nada se compara ao gozo da maturidade e liberdade afetiva, onde mesmo diante dos estímulos provocativos da vida e dos nossos opositores, podemos nos manter em paz.

Busque no silêncio do seu coração, sempre que for estimulado por alguma situação, pensar qual seria a decisão de Jesus. Você O conhece bem! Imitai-O.

Haverá momentos de desolação onde vamos nos sentir sozinhos, perdidos carregando verdadeiras cruzes. Jesus estará nos dando a graça de imitá-lo em seus sofrimentos de amor. São Pio se alegrava quando via uma alma vivendo provações pois sabia que ela estaria amadurecendo na fé. Vai dizer a uma filha espiritual:

> Não contente de vigorizar as almas experimentadas pela provação, com a mais santa audácia o Padro Pio felicita-as. «Acredita-me, querida filha, se não a visse assim desolada, ficaria menos contente, pois vê-la-ia menos adornada com as preciosas jóias, com que se enfeita o seu divino esposo». Quando a pobre criança se lamenta de ter um coração «duro como pedra», o Padre Pio tranquiliza-a. **O amor só foge para fortificar o amor!** Jesus não pede impossíveis. Diga-lhe: «Queres que te ame mais? Na verdade, não posso! Dá-me mais amor, e oferecer-te-ei mais amor». Acredite-me, minha filha, Jesus ficará contente! Que há de mais importante que agradar só a Ele? Ele contente, todos contentes: «Contenio Lui, contenti tutti». Direção apaziguadora, mas quão implacável![14]

Prece
"Dá-me Senhor, a paciência para carregar minhas cruzes como São Padre Pio soube carregar. Tira todo medo e ansiedade que me impedem de aceitar a vontade de Deus em minha vida, mesmo que não seja a minha vontade. Fica em meu coração Jesus, habita minha alma e faz nascer o sol do amor na minha vida. Me abandono em Ti, Jesus!"
Pai-Nosso
Ave-Maria

---

14. WINOWSKA, Maria. *Padre Pio*, o estigmatizado, p.108.

Oração a São Padre Pio

Oh, Deus, que a São Pio de Pietrelcina, sacerdote capuchinho, concedestes o privilégio de participar, de modo admirável da paixão de Vosso Filho, concedei-me, por sua intercessão, a graça de (formular o pedido)..., que ardentemente desejo e permiti, sobretudo, que eu me conforme com a morte de Jesus para alcançar, depois, a glória da ressurreição.

Glória ao Pai (3 vezes).

22

*"Despoje-se do homem velho e revista-se
das virtudes ensinadas por Jesus."*
(São Pio)

Diferentemente do que normalmente se pensa, despojar-se do homem velho não se começa de fora para dentro, mas de dentro para fora. Quando se começa um caminho de conversão, o "novo" fiel acredita que mudando alguns atos externos é suficiente, mas na maioria das vezes, alguns comportamentos são mudados com o intuito inconsciente de aparentar para as demais pessoas "não convertidas" que agora é um homem ou mulher novos. Mas, no caso seria somente uma fachada!

Muito similar ao exemplo que Jesus nos dá no evangelho da semente que cai na beira da estrada, onde vem os pássaros e as comem (Lc 8, 5)... A pessoa que deseja começar sem raízes, igualmente será roubada, logo desistindo de tudo.

O despojamento deve começar na purificação das intenções do coração. Na observância dos próprios desejos e vontades atuais para projetar a mudança no ideal da santidade no futuro, sempre a partir realidade da pessoa. Sem conhecer o seu homem velho é impossível trilhar um processo de conversão verdadeiro.

Muitas pessoas que empreitam um caminho de busca de santidade, tentam esquecer seu passado, como se pudessem apagar o que viveram, e não querem reconhecer as próprias lutas e dificuldades como se isso fosse condená-las. Mas pelo contrário, se soubessem que as próprias limitações é o ponto de partida para trilhar uma vida de virtudes cristãs daria muito mais valor para as próprias fraquezas.

As virtudes de Cristo são alcançadas através do exercício dos valores. Se não houver exercício não há ganho. Afinal, desejar alcançar a virtude da paciência em um ambiente que não contrarie a pessoa seria fácil, mas as coisas não são assim. Para se obter 'paciência' deve-se acolher as circunstâncias desafiadoras e contrárias no cotidiano, no intuito de conscientemente exercitar a virtude almejada.

Prece
'Dá-me Senhor, o dom do discernimento para que saiba silenciar meu coração e meditar a oportunidade que me dás no momento dos desafios. Tira de minha boca a murmuração e inflama meu coração de louvor. Infundi sabedoria para resistir às provações, desejo Te imitar e ser parecido contigo, nos pequenos gestos me assemelhar ao Teu Coração Sagrado. Amadurece meu processo de conversão Senhor e faz-me uma pessoa nova de dentro para fora. Me ensina a renunciar minhas vontades. Quero fazer Tua vontade, Jesus!"
Pai-Nosso
Ave-Maria

Oração a São Padre Pio
Oh, Deus, que a São Pio de Pietrelcina, sacerdote capuchinho, concedestes o privilégio de participar, de modo admirável da paixão de Vosso Filho, concedei-me, por sua intercessão, a graça de (formular o pedido)..., que ardentemente desejo e permiti, sobretudo, que eu me conforme com a morte de Jesus para alcançar, depois, a glória da ressurreição.
Glória ao Pai (3 vezes).

23

"A paciência é a virtude que nos faz suportar toda a adversidade."
(São Pio)

Se formos honestos, vamos admitir que não gostamos de ser contrariados. Todos temos nossas crenças e convicções, e sempre que alguém nos contesta ficamos aborrecidos exatamente por que gostamos de ter razão.

Muitas vezes as pessoas são educadas assim na sua criação desde a infância. É dito que 'não se pode levar desaforo para casa', as crianças veem o pai brigando e discutindo sobre quem participa da melhor torcida de futebol, até mesmo entre a mãe e o pai, pode acontecer de o filho intuir que disputam a razão entre si.

E desejar ter razão não é um problema em si, o difícil é suportar as adversidades dos outros e das situações. E, para tolerar as contrariedades, a virtude da paciência é fundamental.

Podemos definir 'paciência' como a capacidade de o 'ego' suportar afrontas. Quando alguém fala muito alto ou diz algo que nos desagrada, quando somos contrariados publicamente em alguma coisa que dissemos, quando vemos a mesma pessoa cometer o mesmo erro continuamente... São inúmeras as possibilidades de um não acolhimento que "tira a pessoa do sério."

E são exatamente esses descontentamentos o solo fértil para se formar um coração virtuoso na paciência.

Experimente ser paciente por algumas horas do dia e vai certamente notar o quanto é possível viver com mais resignação. A pessoa percebe mais seus próprios movimentos interiores.

Prece
"Dá-me Senhor, Te amar através das situações de hoje. Ensina-me a ofertar minhas dificuldades cotidianas por

amor ao Teu Coração Sagrado. Que eu possa me calar, para te fazer feliz e não para me vangloriar de ser um bom cristão. Que possa ser teu seguidor entregando meu coração especialmente nos momentos em que situações que me deixem triste acontecerem. Não quero Te amar somente nos momentos em que as coisas estão bem para mim, mas quero purificar meu amor por Ti, silenciando diante das provocações das pessoas e, Te louvando mesmo quando as coisas não estiverem fáceis. Me dá força para esse propósito, meu Amado Jesus!"
Pai-Nosso
Ave-Maria

Oração a São Padre Pio
Oh, Deus, que a São Pio de Pietrelcina, sacerdote capuchinho, concedestes o privilégio de participar, de modo admirável da paixão de Vosso Filho, concedei-me, por sua intercessão, a graça de (formular o pedido)..., que ardentemente desejo e permiti, sobretudo, que eu me conforme com a morte de Jesus para alcançar, depois, a glória da ressurreição.
Glória ao Pai (3 vezes).

24

"É preciso calar e ter silêncio ao redor para poder ouvir a voz de Deus."
(São Pio)

Partindo do princípio que calar não é somente ausência de ruídos externos, o que seria naturalmente mais fácil, podemos então entender que a natureza do silêncio é muito mais contemplativa e interior.

Não é necessário estar em um retiro espiritual para se adquirir essa graça. Na verdade, mesmo no meio de qualquer tipo de barulho a alma experimentada consegue se interiorizar e calar.

Muitas pessoas ao realizarem suas orações, mesmo caladas externamente sempre estão murmurando alguma coisa para se sentirem que de fato estão rezando. Como que se o silêncio fosse sinônimo de não estar fazendo nada diante de Deus. Também existem as pessoas que se calam por fora na oração mas ficam diluídas nas mais diversas distrações e pensamentos aleatórios. E aquele terceiro tipo de orante que dorme, sentindo o silêncio como um torpor do espírito.

Importa compreender que, todas essas reações são normais diante de pessoas que não estão acostumadas com oração meditativa. O cérebro humano realmente entende o silêncio como momento de pensar (porque acha que está se concentrando para alguma ação) ou percebe como momento de dormir (pois quando queremos dormir buscamos esvaziar a mente).

E está tudo bem quanto a essas reações. Entretanto, se a pessoa se coloca à disposição de um crescimento oracional, o exercício do silêncio para ouvir a Deus é fundamental.

A oração deve ser um diálogo com Deus e é absolutamente possível que haja um diálogo em silêncio com o Senhor! Isso mesmo. Através da compreensão da alma como uma espécie de "insight" espiritual, Deus revela amorosamente muitas coisas ao coração que reza.

A Leitura Orante da Palavra (*Lectio Divina*), o Santo Rosário, a ação de graças pós comunhão e a adoração eucarística são exemplos maravilhosos de oração contemplativa, para se exercitar o silêncio.

Silêncio e paciência: duas virtudes magníficas para quem está à espera de um milagre! Silêncio para escutar e paciência para se acostumar com uma oração mais aprofundada e contemplativa. São Pio sempre aconselhava maravilhosamente suas filhas espirituais, vejamos o que ele fala sobre oração em silêncio:

> «Pois bem, querida filha, uma ou outra destas vantagens não poderá faltar-te nunca nas tuas preces. Se podes falar ao Senhor, fala, canta o seu louvor. Se não podes falar-lhe, porque o teu espírito se conserva obtuso, não percas o ânimo: imita os cortesãos e faz-lhe a mais bela das reverências. Ele saberá apreciar a tua presença e o teu silêncio e, uma ou outra vez, o teu coração se alegrará quando te tomar pela mão e conversar contigo, dando mil voltas na tua companhia, através das alamedas do seu jardim de oração. E, se nunca tal acontecesse, o que é pouco provável, pois este Pai tão terno não terá coragem de te deixar em perpétua flutuação, até assim mesmo devias ficar contente. Temos o dever de o seguir, e é grande honra dignar-se Ele tolerar-nos em sua presença! Assim, não ficarás nunca embaraçada, perguntando a ti própria: que lhe direi? Porque, permanecendo simplesmente na sua presença, cumpres um dever não menos útil, talvez até mais útil, embora, menos conforme aos teus gostos.[15]

---

15. WINOWSKA, Maria. *Padre Pio*, o estigmatizado, p.117-118.

Prece

"Dá-me Senhor, força para silenciar especialmente diante das tribulações deste dia. O medo e o cansaço me impedem de rezar e me calar. São muitos barulhos dentro de mim e preciso muito da tua Graça e do Teu infinito amor. Me ajuda a entender esse tempo em minha vida e não desistir. Quero ser segundo a Tua vontade, Jesus!"
Pai-Nosso
Ave-Maria

Oração a São Padre Pio

Oh, Deus, que a São Pio de Pietrelcina, sacerdote capuchinho, concedestes o privilégio de participar, de modo admirável da paixão de Vosso Filho, concedei-me, por sua intercessão, a graça de (formular o pedido)..., que ardentemente desejo e permiti, sobretudo, que eu me conforme com a morte de Jesus para alcançar, depois, a glória da ressurreição.
Glória ao Pai (3 vezes).

25

"Fuja da preguiça e das conversas inúteis."
(São Pio)

Evitar conversas inúteis para o crescimento de sua alma também é um magnifico caminho para se obter o silêncio tão almejado. Entretanto, importa esclarecer que, o adjetivo "inúteis", não se destina às conversas descontraídas ou até mesmo lúdicas que, na verdade são saudáveis, como uma roda de amigos ou um diálogo banhado na leveza de uma família que se reúne para uma refeição. É possível falar de Deus nas entrelinhas de conversas saudáveis.

A inutilidade aqui sempre vai esbarrar nas conversas que levam os interlocutores à murmuração ou ao vício da maledicência. Isso sim, é algo absolutamente desnecessário para quem é cristão. O desafio é que há pessoas tão acostumadas em falar mal e fofocar do outro que fica difícil ter uma conversa útil sem se aborrecer.

Da mesma forma a preguiça, pecado capital, que também pode ser analisado na ótica da procrastinação, ou seja, deixar tudo para depois enquanto se realiza somente ações que gratificam, é um hábito que deve ser deixado de lado. Não viver de forma preguiçosa não significa que a pessoa tem que ficar o tempo todo em meio a trabalhos, mas, deve saber equilibrar os momentos de descanso e de serviços.

Certa vez, uma pessoa me disse que se sentia perdida diante de seu trabalho. Que estava cansada de trabalhar e não conseguir progredir financeiramente. Que sentia que estava fazendo um trabalho bonito, que agradava a Deus, mas que não conseguia evoluir. E fiz somente algumas perguntas básicas relacionadas a aspectos importantes, mas esquecidos: Você está administrando coerentemente seus negócios? Sabe se o que entrando é mais do que está saindo? Tem uma organização contábil?

Creio que não eram os questionamentos que esperava de mim, um frei, mas às vezes, ficamos achando que tudo é culpa do inimigo, e não se leva em consideração questões importantes para o desenvolvimento de um trabalho. Justamente por que, temos preguiça de burocracias e ficamos querendo que determinadas soluções caiam do Céu. E não é assim.

Se não houver uma fuga da preguiça e da futilidade de certas conversas tem certas coisas em nossa vida que não irão acontecer. Nem mesmo um milagre!

Prece
"Dá-me Senhor, a graça de dar o passo das fugas das conversas ruins que ferem a integridade das outras pessoas. Que todo tipo de maledicência, intriga e crítica que não constrói na vida dos outros caiam por terra na minha vida, pela tua poderosa Graça. Me ensina a me afastar de conversas maldosas, de ter curiosidades acerca da vida alheia e que nem de brincadeira aceite esse tipo de postura. Quero ser como a Virgem Maria e saber guardar tudo em meu coração!"
Pai-Nosso
Ave-Maria

Oração a São Padre Pio
Oh, Deus, que a São Pio de Pietrelcina, sacerdote capuchinho, concedestes o privilégio de participar, de modo admirável da paixão de Vosso Filho, concedei-me, por sua intercessão, a graça de (formular o pedido)..., que ardentemente desejo e permiti, sobretudo, que eu me conforme com a morte de Jesus para alcançar, depois, a glória da ressurreição.
Glória ao Pai (3 vezes).

26

"Procuremos servir ao Senhor com todo o coração e com toda vontade. Ele nos dará sempre mais do que merecemos."
(São Pio)

Em tudo podemos servir ao Senhor em nossa vida. Podemos servir a Deus até mesmo com um sorriso. E, o grande segredo da perseverança no serviço, seja ele qual for, e do tamanho que for, é a despretensão de querer obter algo de volta. O serviço a Deus de todo coração e com toda vontade é aquele que é gratuito, sem querer nada em troca.

Emocionalmente falando, o ser humano busca instintivamente retorno de suas ações. É um movimento inconsciente, como uma necessidade humana, contudo, se formos honestos, vamos reconhecer que sempre aspiramos algo em troca das ações que realizamos sejam elas quais forem.

E, não há erro em assumir um sentimento ou uma inclinação que faz parte da natureza humana. Justamente por que, o serviço feito de coração, sem esperar nada em troca, é uma ascese que exige essa mortificação do desejo de reconhecimento pelo bem feito. Tomar consciência disso é fundamental para uma ação mais purificada. Podemos adotar como exemplo, um funcionário em uma empresa que faz o seu trabalho muitíssimo bem feito, não por que ama o que faz ou por que deseja uma promoção (o que é válido), mas para receber elogios do chefe, como uma espécie de dependência de afirmação.

Uma outra vertente emocional é a realização de uma ação por medo de punição. Neste caso, um empregado faria o trabalho bem feito por medo de ser mandado embora ou temor de ser exortado publicamente. Seja pela dependência de afeto em ser elogiado ou por medo de punição, ambas estão pautadas em atitudes interiores, que a pessoa não percebe. O problema disso? A pessoa não está fazendo nem por amor nem por liberdade, mas, por dependência ou medo. Será que vale a pena viver assim?

Logo, tomar consciência de nossas atitudes inconscientes traz o benefício de uma liberdade, em que a prática do bem leva o indivíduo a uma vivência de um desapego livre de amarras emocionais, seja por necessidade de recompensa ou por medo de punição. Entretanto, imagina o tamanho recompensa espiritual que alcançará ainda aqui nesse mundo sendo um cristão interiormente desapegado. Alcançará uma belíssima liberdade interior espiritual e emocional.

O cristão pode aprender a renunciar algumas coisas dentro de um espírito de penitência, para acostumar o coração a não ter atitudes primitivas e infantis de buscar sempre reconhecimento.

Muitas mulheres entram em contato pelas redes sociais pedindo direção por se sentirem sozinhas e não valorizadas. Sempre digo a elas que, a primeira pessoa que precisa se valorizar é ela mesma. Mas, sei o quanto real é esse sentimento de desvalorização, haja vista como falamos, por base humana e moral. Contudo, sabemos que não podemos exigir que o outro nos valorize, mas podemos trabalhar nosso coração para não necessitar tanto de afirmações, sejam dos parceiros, sejam de familiares.

Para isso, a Igreja nos convida a oferecermos no Tempo Litúrgico da Quaresma, do Advento e no Tempo Comum, a oração, o jejum e a esmola, por amor! Ao fazermos penitência, provamos nosso amor por Jesus e ainda fortalecemos nosso coração diante destes sentimentos de dependência afetiva que nos prende e entristece.

A penitência deve ser feita com discernimento e sem exageros como o caso que podemos ver abaixo de uma filha espiritual de São Pio:

> Convertida, a senhora Vairo começou a seguir o exemplo dos grandes penitentes, com todo o ardor dos neófitos. Uma manhã de Inverno, decidiu ir à igreja, descalça. Soprava vento forte, chovia, e estava um frio de enregelar, como acontece muitas vezes nos flancos do Monte Gargano. Molhada até aos ossos, com os pés a escorrer sangue, (nessa altura o caminho para a igreja ainda estava cheio de calhaus) chegou enfim e desmaiou, na entrada, de dor e frio. Quando abriu os olhos, viu a face do Padre Pio, curvado sobre ela. — Minha filha, até na santa penitência devemos ser comedido. Depois, tocando-lhe levemente no ombro: — Felizmente, esta água não molha. Qual não foi o pasmo dos assistentes ao observarem como, num momento, a roupa da senhora Vairo ficou absolutamente seca![16]

Evidente que, esse tipo de penitência, não comedida, como diz São Pio não é necessária, contudo, podemos oferecer várias penitências, segundo o que a Igreja mesmo nos oferece.

Um exemplo disso é o jejum. Nas sextas-feiras (exceto nos domingos, solenidades e oitavas) pode-se realizar abstinência de carne, por exemplo, e ainda uma das refeições. Pode-se fazer abstinência de guloseimas e até mesmo da língua nas conversas evitando certos

---

16. WINOWSKA, Maria. *Padre Pio*, o estigmatizado, p.153.

assuntos. Há uma gama imensa de possibilidades de penitencias que auxiliam o cristão a ficar mais fortalecido no dia a dia.

Prece
"Dá-me Senhor, um espírito decidido em ofertar penitencias por amor ao Teu Coração que sofre tantas injustiças, quero Te amar com o jejum e com abstinência. Ensina pela Tua Igreja a estabelecer limites na minha alimentação e na minha língua, para que possa me fortalecer na fé. Me ensina a acolher o Teu amor que me valoriza e, me colocar limites na minha necessidade de reconhecimento das pessoas. Quero amadurecer na fé, Jesus!"
Pai-Nosso
Ave-Maria

Oração a São Padre Pio
Oh, Deus, que a São Pio de Pietrelcina, sacerdote capuchinho, concedestes o privilégio de participar, de modo admirável da paixão de Vosso Filho, concedei-me, por sua intercessão, a graça de (formular o pedido)..., que ardentemente desejo e permiti, sobretudo, que eu me conforme com a morte de Jesus para alcançar, depois, a glória da ressurreição.
Glória ao Pai (3 vezes).

27

"É preciso amar, amar, amar e nada mais!"
(São Pio)

O amor que tudo suporta, que tudo crê, que tudo espera... é também o amor que cuida. Cuidar é certamente uma das atribuições de Deus para com o ser humano, que recebeu o maior e mais apaixonado cuidado que poderia existir: o amor de Jesus que se entregou por nós em uma cruz! Sacrifício de extremo amor.

E chamados a imitar Jesus, temos que também disponibilizar de tempo para amar. E interessante que São Pio repete três vezes que é preciso "amar, amar, amar e nada mais"... Justamente porque, o amor não tem somente um alvo. E três são os alvos essenciais para o amor de desenvolver fecundamente no coração do Homem. São eles o amor por Deus, o amor pelo próximo e o amor por si mesmo.

Que devemos amar a Deus, praticamente ninguém questiona, que temos que nos esforçar para adorar o Senhor Todo-Poderoso. E, amar a Deus com o coração adorador é possível para todo aquele que se abre em espírito e verdade. Da mesma forma, o amor ao outro que está do meu lado, especialmente em meio aos seus sofrimentos, também altruisticamente é algo vivido por muitas pessoas e complementa o primeiro... "amar a Deus sobre todas as coisas e ao próximo como a si mesmo".

Agora o terceiro amor é mais delicado. As pessoas têm mais facilidade de amar a Deus que não vê, ao próximo que está em suas vulnerabilidades, mas amar verdadeiramente a si mesmas é um trabalho bem desafiador.

Não estou falando aqui do amor egocêntrico ou moralmente egoísta, de dependência afetiva ou de busca de crescer seu *status* e autoimagem. Mas, o amor verdadeiro por si mesmo, que se ama para poder ter a finalidade de amar mais a Deus e ao próximo.

O amor que leva a pessoa a cuidar de sua saúde a partir de uma alimentação mais adequada, pela pratica de exercícios físicos, tempo de descanso, enfim, um tempo para si mesmo, sem ficar com aquela cobrança interior de que o tempo todo tem que dar. E, o mais belo é que a finalidade do autocuidado é poder amar mais a Deus e ao próximo. Afinal de contas, uma pessoa que busca cuidar do próximo, mas é mal-humorada e ranzinza por que não se cuidar, acaba sendo mais um peso do que amor para o outro.

No dia de hoje cuide um pouco mais de você, se alimente melhor, faça uma caminhada ao ar livre, tenha um tempo de oração mais de qualidade.

Para que você consiga amar mais a Deus e ao próximo!

Prece
"Dá-me Senhor a coragem de me amar. Quantas vezes não cuidei de mim, deixando-me levar pelo prazer imoderado da alimentação, pela preguiça vivendo uma vida no sedentarismo, e por passar dias sem uma oração de qualidade. Preciso cuidar mais de mim para poder cuidar mais de minha família, de meu trabalho e da minha vida espiritual. Desperta no meu coração a importância do autocuidado moderado para que possa ser um cristão que expresse alegria, paz e beleza interior. Quero responsável por uma vida saudável, Jesus! Ajuda-me.
Pai-Nosso
Ave-Maria

Oração a São Padre Pio
Oh, Deus, que a São Pio de Pietrelcina, sacerdote capuchinho, concedestes o privilégio de participar, de

modo admirável da paixão de Vosso Filho, concedei-me, por sua intercessão, a graça de (formular o pedido)..., que ardentemente desejo e permiti, sobretudo, que eu me conforme com a morte de Jesus para alcançar, depois, a glória da ressurreição.

Glória ao Pai (3 vezes).

*"Leve Deus aos doentes. Valerá mais
de que qualquer tratamento."*
(São Pio)

Os sacerdotes e os ministros extraordinários da eucaristia têm a belíssima missão de levar o viático aos enfermos. Levam o Santíssimo Sacramento para comunhão daqueles que não conseguem participar da Santa Missa.

Não há maior remédio para aqueles que estão convalescendo nas camas sejam elas de suas casas ou dos hospitais. Num momento de comunhão como este, é fato que, acontece uma fabulosa união entre o sofrimento da pessoa e os sofrimentos de Cristo no Calvário. O doente pode associar perfeitamente nesse momento da comunhão sua dor à dor de Jesus.

Importa também, que você possa levar Jesus, independente se é ministro da eucarística ou não. A visita a um enfermo unida a uma palavra de conforto também é uma forma de levar Jesus para os corações solitários pelo afastamento do que passa pelo momento da fragilidade do corpo.

E, ainda terá mais sentido se você não deixar de levar Deus para a pessoa que está doente dentro de sua própria casa. Quantas vezes estamos morando com alguém que está doente e não damos a devida atenção.

Vale explicar que levar Deus não necessariamente envolve o uso de palavras, mas, manifestações de afeto, carinho, escuta, paciência e atenção. Se houver abertura, fale de Jesus, se não houver aja como Jesus.

Prece

"Dá-me Senhor a sensibilidade com os que são enfermos. Inspira-me a buscar auxiliar os que sofrem enfermidades com minha oração e com meu apoio. Que eu possa enxergar aquele que está sozinho para levar meus ouvidos

e coração no serviço da escuta e do consolo. Que eu possa renunciar a alguma atividade para propor algum tempo para aqueles que passam necessidades, seja dentro de minha casa ou por alguém que tenho conhecimento. Dá-me coragem, Jesus!"
Pai-Nosso
Ave-Maria

Oração a São Padre Pio
Oh, Deus, que a São Pio de Pietrelcina, sacerdote capuchinho, concedestes o privilégio de participar, de modo admirável da paixão de Vosso Filho, concedei-me, por sua intercessão, a graça de (formular o pedido)..., que ardentemente desejo e permiti, sobretudo, que eu me conforme com a morte de Jesus para alcançar, depois, a glória da ressurreição.
Glória ao Pai (3 vezes).

29

*"A caridade é o metro com
o qual Deus nos julgará."*
(São Pio)

O amor é a medida. Deus conhece nossos corações e nosso desenvolvimento pessoal, conhece tudo o que passamos e como as coisas aconteceram em seu íntimo dentro de cada fase de nossa história.

Geralmente, corremos o risco de vivermos em meio a culpas e ansiedades, exatamente por que não conhecemos as entrelinhas de nossa própria história. Diferentemente de nosso Deus Todo poderoso, onisciente e onipresente que sabe o que aconteceu em cada segundo da nossa vida desde que fomos concebidos. Nesta linha de raciocínio compreendemos essa frase de são Pio acerca da caridade como medição do nosso julgamento.

Evidente que, saber de um amor que compreende e perdoa nossos erros não significa que o cristão não tenha responsabilidade por seus erros. Não devemos acreditar em um Deus permissivo, que todo tempo tolera nossas faltas enquanto simplesmente nos abandonamos no mal. Essa crença não condiz com a realidade de Deus.

A pessoa deve entender que há pecados cometidos que foram influenciados pela falta de autoconhecimento, de maturidade emocional e de consciência, o que atenua a culpa. Contudo, é responsabilidade do homem buscar a maturidade de vida para que possa caminhar com maior consciência de seus atos e consequentemente corresponder melhor à essa caridade maravilhosa de um Deus que não é injusto, mas que conhece nosso coração com toda sua história.

> Ora, o amor prova-se como? Pela confiança naqueles que amamos. Quanto mais se ama, mais nos abandonamos à vontade do ente amado. Deus, o bem-amado,

experimenta-nos para nos permitir que lhe provemos o nosso amor. O mais belo ato de fé irrompe-nos dos lábios nas trevas, na imolação, no sofrimento, no esforço supremo o inflexível para o bom; rasga como um raio a noite da alma, eleva-nos através da tempestade até ao coração de Deus. No auge da tempestade, «a alma repousa nos braços do Divino Esposo, como criancinhas nos braços da mãe. Não tenhais medo: dormi tranquilamente, com a firme certeza de como o Senhor vos há-de conduzir até ao que é melhor para vós»[17]

Prece
"Dá-me Senhor, não me culpar tanto. Que a Tua medida em me amar possa também ser a minha. Retira todo sentimento de inferioridade que me impede de perceber meu valor e minha luta. Me ensina a não me cobrar tanto diante de minhas falhas do passado e dá-me a graça de viver meu hoje mergulhado no Teu amor. Teu amor me basta, Jesus!"
Pai-Nosso
Ave-Maria

Oração a São Padre Pio
Oh, Deus, que a São Pio de Pietrelcina, sacerdote capuchinho, concedestes o privilégio de participar, de modo admirável da paixão de Vosso Filho, concedei-me, por sua intercessão, a graça de (formular o pedido)..., que ardentemente desejo e permiti, sobretudo, que eu me conforme com a morte de Jesus para alcançar, depois, a glória da ressurreição.
Glória ao Pai (3 vezes).

---

17. WINOWSKA, Maria. *Padre Pio*, o estigmatizado. p.101.

30

"A caridade é a rainha de todas as virtudes. Do mesmo modo que, em um colar, um fio único mantém juntas todas as pérolas, assim na vida espiritual, o amor une todas as virtudes. Do mesmo modo que as pérolas se espalham quando o fio se rompe, onde não há o amor todas as virtudes se perdem e desaparecem." (São Pio)

Se Deus nos ama e nos julga segundo o amor, é certo que deseja também que nós façamos o mesmo. As virtudes sem a caridade, são como as pérolas de um colar espalhados como nos exorta São Pio.

Quando uma pessoa experimenta a Deus e deseja iniciar um processo de conversão, sempre corre o risco de querer viver virtuosamente os valores e muitas vezes acha que somente sendo perfeito nas virtudes, sem erros e sem quedas é que agradará a Deus. E não é bem assim que acontece no amor.

Alguns pontos importantes. Primeiramente, nunca cair na tentação de achar que nunca incorrerá em erros ou pecados. O ser humano em sua vulnerabilidade acaba falhando em alguma coisa. E, é preciso entender que está tudo bem.

O fato é que, se houver ascese e esforço, a virtude amparada no amor, vai permitir a pessoa olhar com misericórdia para si mesmo, para que possa levantar e recomeçar a busca.

A nossa fragilidade nos conduz ao caminho doce amargo da misericórdia e, sem ter uma experiência com ela fica difícil aprender a derramá-la sobre o próximo. E, esta experiência de amor misericordioso é, certamente, mais bela e verdadeira que uma perfeição gelada de moralidade.

Aqueles que vivem angustiados na exigência exagerada de si acaba aumentado a própria angustia. Vai dizer São Pio:

> A angústia é um mal, pior do que o próprio mal... Caminhai com simplicidade na via do Senhor, e não tortureis o espírito! Tende pelos defeitos um horror

santo, pacifico, e não esse ódio fastidioso e inquieto que não serve senão para os aumentar! Lembrai-vos, minhas filhas, de que sou inimigo dos desejos inúteis, não menos do que dos desejos perniciosos e maus. O que vale é o que Deus nos destina.[18]

Sendo assim, te convido a buscar viver as virtudes sempre ligadas ao amor de misericórdia, que sabe compreender a fragilidade humana. Uma forma de começar a fazer isso é evitando se cobrar excessivamente. Entenda que você está na luta, fazendo o seu melhor de acordo com seu caminho de vida desenvolvido até aqui.

Imite o amor de Deus e aprenda a se cobrar a partir do amor!

Prece
"Dá-me Senhor, conformidade de coração, de mente, de espírito com tua Vontade Santíssima, que é meu paraíso! Que as circunstâncias e situações do futuro não me preocupem, e as do passado não me cobrem, porque tudo é bom nos teus desígnios. Chegar no Céu é o que eu quero, meu Amado Jesus, mas sabes que sou vulnerável e frágil. Por isso, eu suplico ensina-me a conformar-me com Teus caminhos. Te louvo Jesus!"
Pai-Nosso
Ave-Maria

Oração a São Padre Pio
Oh, Deus, que a São Pio de Pietrelcina, sacerdote capuchinho, concedestes o privilégio de participar, de modo admirável da paixão de Vosso Filho, concedei-me,

---

18. WINOWSKA, Maria. *Padre Pio*, o estigmatizado. p.108.

por sua intercessão, a graça de (formular o pedido)..., que ardentemente desejo e permiti, sobretudo, que eu me conforme com a morte de Jesus para alcançar, depois, a glória da ressurreição.

Glória ao Pai (3 vezes).

31

"O ser humano pode fugir da justiça humana, mas nunca conseguirá fugir da justiça divina."
(São Pio)

Quando se fala de justiça divina, logo se pensa na ira de Deus segundo o antigo Testamento das Sagradas Escrituras, aquele Deus que enviava as pragas no Egito e que afogou faraó com todas as suas tropas, ou no Deus que derramou um dilúvio de morte livrando somente os que estavam na arca de Noé. Mas, se esquece que o mesmo Deus se encarna e fala de amor de misericórdia, ou seja, que o antigo testamento é prefiguração do novo testamento e que não deve ser lido com lentes de interpretação fundamentalista.

As figuras do antigo testamento têm significados específicos, sempre dentro de uma perspectiva trazida por Jesus de que Deus é Pai. Observe-se a passagem do filho prodigo, por exemplo maravilhoso de um Pai Amoroso.

Outra percepção equivocada da justiça divina foi mal-educada em muitos corações na infância com frases como 'Deus vai te castigar' ou 'o Papai do Céu vai ficar bravo'. Sabemos que essa influência de comentários é pesada na visão que temos de Deus e inconscientemente atua em nossos comportamentos.

A justiça divina está pautada em amor e liberdade, que é oposto de ódio e escravidão, maldade e pecado. E, Jesus veio pregar essa boa nova em nosso meio, veio esclarecer que sem o amor não há felicidade verdadeira. Sendo assim, a pessoa que em seu livre-arbítrio realizar o mal, estará escolhendo a condenação. Contudo, ressalto que a pessoa escolhe o mal que a condenará. Essa não é a vontade de um Deus absolutamente apaixonado.

Então, a questão é que fica muito mais fácil dizer que é a justiça divina que vai me condenar, ao invés de assumir minha responsabilidade por meus atos. Nesse aspecto, diante dos olhos humanos, pode-se até fugir, como um corrupto que se vê ileso de uma condenação que o levaria à prisão, mas quando Deus chamar sua vida deste mundo, como poderá fugir de seus próprios atos?

Lembre-se que a justiça divina é amorosa, somos nós que buscamos a condenação por nossos próprios atos inconsequentes.

Prece
"Dá-me Senhor, um coração que não tenha mais medo. Sei que muitas vezes busco somente o conforto e o bem-estar, que diversas vezes me vejo preguiçoso e desanimado. Mas que posso com Tua graça buscar o bem e fugir do mal do pecado para viver segundo a Tua Justiça. Suplico um coração que não tenha mais medo de se entregar ou de oferecer sacrifícios de amor e por amor a Ti. Te desejo Jesus!"
Pai-Nosso
Ave-Maria

Oração a São Padre Pio
Oh, Deus, que a São Pio de Pietrelcina, sacerdote capuchinho, concedestes o privilégio de participar, de modo admirável da paixão de Vosso Filho, concedei-me, por sua intercessão, a graça de (formular o pedido)..., que ardentemente desejo e permiti, sobretudo, que eu me conforme com a morte de Jesus para alcançar, depois, a glória da ressurreição.
Glória ao Pai (3 vezes).

32

"Antes de mandar a cruz, Jesus nos concede força para carregá-la."
(São Pio)

Como você tem gastado suas energias? Com o que você tem consumido suas forças? Porque é certo de que Deus tem dado ânimo para você viver seus desafios. A questão é como essa força tem sido usada.

Porque mesmo as pessoas que tem saúde mais debilitada, ou alguns desafios emocionais sempre tem uma cota de energias que Deus em sua misericórdia lhes dá, além das várias fontes de energia cotidiana que a vida nos oferece.

Que a vida vai ser cercada de desafios já não é novidade, que haverá cruzes e lutas cotidianamente também não é novo para ninguém, mas será que tenho me preparado para vivê-las?

Digo isso, por que se a pessoa gastar suas energias com preocupações vãs acabarão por não tendo forças nos momentos das cruzes mais pesadas.

Pensemos em pessoas que comem desmoderadamente, ou que perdem horas na TV ou no celular. Tem também aqueles que se perdem no vício da pornografia ou se abandonam na saga incansável em busca de enriquecimento. Buscas ilusórias que trarão infelicidade na alma e no corpo.

Entende que Deus dá a força e energias necessárias, mas que acabamos por usar de maneira errada este presente de Deus. O fato é que as pessoas que, no amor conseguem se alimentar saudavelmente, ter equilíbrio nos momentos de lazer, vivem uma vida de castidade e buscam uma vida modesta e santa, naturalmente terão energias sempre renovadas para o momento certo das dificuldades que aparecerão. Estarão preparadas.

É evidente que, uma pessoa que não se cuida fisicamente está mais propensa a enfermidades e menos predisposta a ter força de viver a doença. Uma pessoa que mesmo se cuidando é surpreendida por alguma patologia terá maturidade de enfrentamento e, certamente sua cruz será muito mais fecunda em vista da sua santidade.

Atenção: Se cuide! Poupe suas energias e forças diante das seduções do mundo.

Prece
Dá-me Senhor, estar próximo de Ti. Não quero mais viver longe de do Teu sagrado Coração. Olhai minha busca na oração esses dias Senhor, e faz desaparecer qualquer distância da minha parte para contigo. Eu sei que sempre está perto de mim e que sou eu quem me afasto. Mas se Teu Espírito Santo vir em meu auxílio, sei que ficaremos com o coração batendo no mesmo compasso, num só movimento. Dá-me um coração que reza e adora... Eu clamo por ti, Jesus!
Pai-Nosso
Ave-Maria

Oração a São Padre Pio
Oh, Deus, que a São Pio de Pietrelcina, sacerdote capuchinho, concedestes o privilégio de participar, de modo admirável da paixão de Vosso Filho, concedei-me, por sua intercessão, a graça de (formular o pedido)..., que ardentemente desejo e permiti, sobretudo, que eu me conforme com a morte de Jesus para alcançar, depois, a glória da ressurreição.
Glória ao Pai (3 vezes).

33

"Não sejamos mesquinhos com Deus, que tanto nos enriqueceu!"
(São Pio)

Embora sendo de divina condição, Cristo Jesus não se apegou ciosamente a ser igual a Deus Pai mas, se esvaziou fazendo-se aos homens semelhantes para nos enriquecer. (Cf. Fl 26-7)

Falar da riqueza de Deus em nós não se resume somente nas qualidades e virtudes que Ele nos concedeu, mas significa entender que Deus se abaixou à nossa humanidade para ressignificar nossa condição.

Como viveríamos o amor se não tivéssemos o Amor para nos ensinar? Ele veio humildemente para isso. Lavou os pés dos discípulos e deixou claro que se entendermos isso e imitarmos seremos felizes. (Cf. Jo 13, 14). É uma riqueza que não se corrói e não é destruída, diferente das riquezas desta terra, essas terríveis ilusões.

Essa riqueza está manifestada de maneira sublime no Santíssimo Sacramento do altar e nos pobres, que também são essa riqueza da Igreja, segundo São Lourenço.

Sendo assim, não sejamos mesquinhos com Deus e busquemos adorar Jesus presente em todos os sacrários das Igreja. Organizemos tempo para estar com ele em oração silenciosa, bebendo de suas verdades, qual Maria sentada aos pés de Jesus, escolhendo a melhor parte. Adoremos esse Deus que habita em nosso meio e que muitas vezes é esquecido. Busque Jesus na Eucaristia, ame-O de todo o seu coração.

Da mesma forma, evite mesquinhez com aqueles que são mais pobres, especialmente os que passam fome nas ruas. Aquele que sofre na pobreza e que é desprezado passando frio e necessidade deve ser amado e cuidado pelos seus irmãos cristãos. São paradoxalmente uma contradição: Os pobres são a riqueza da Igreja!

São Padre Pio, no ano de 1954, fundou depois de muito esforço junto a um grupo de médicos e benfeitores uma obra "batizada" como Hospital Alívio do Sofrimento, para que fosse diferente dos demais hospitais, mas sim, fosse um lar para aliviar os que sofriam no corpo e na alma.

> Portanto, uma obra de Deus, fruto milagroso da colaboração de tantos que, com suas ofertas espontâneas, estavam dando suporte para que pudesse funcionar a contento. Os doentes atendidos nesse empreendimento deviam também ser tratados com todo respeito e caridade fraterna; não com indiferença.[19]

> A preocupação com os doentes e os desamparados era algo constante no coração de Frei Pio. Sensibilizava-se sobremaneira com a situação dos enfermos que todos os dias o procuravam em busca de apoio e consolo.[20]

Neste ponto de nossa caminhada se faz fundamental o ato concreto. Não queremos ser aqueles que se relacionam com Deus somente por base de suplicar milagres, mas que, possamos também fazer a nossa parte no amor por Jesus sacramentado, visitando-O na Igreja e amor ao pobre estendendo nossa mão!

Prece
"Dá-me Senhor, um coração que se doa, que se entrega, que se abandone no amor. Diante do grande clamor de

---

19. FUITEM, Frei Diogo Luís. São Pio de Pietrelcina, Servidor de Deus, p.52.
20. Idem, p.51.

sofrimento que todo o mundo geme, ensina-me a dar o melhor de mim como fez São Pio em cada Santa Missa. Que nas minhas responsabilidades, dentro do meu estado de vida que eu possa dar-me por inteiro e por amor, o melhor que tenho e o melhor de mim. Eu Te glorifico, Senhor!"
Pai-Nosso
Ave-Maria

Oração a São Padre Pio
Oh, Deus, que a São Pio de Pietrelcina, sacerdote capuchinho, concedestes o privilégio de participar, de modo admirável da paixão de Vosso Filho, concedei-me, por sua intercessão, a graça de (formular o pedido)..., que ardentemente desejo e permiti, sobretudo, que eu me conforme com a morte de Jesus para alcançar, depois, a glória da ressurreição.
Glória ao Pai (3 vezes).

34

"Como é belo o amor quando o acolhemos e praticamos como um dom natural! Por outro lado, ele não tem sentido e é repelente quando é apenas aparente e falso!" (São Pio)

Podemos nos sabotar quando falsificamos o amor em nós. Se dissermos que amamos quando realizamos algo e no fundo só o fazemos por interesse próprio estamos na verdade nos enganando a nós mesmos.

Entretanto, uma coisa interessante deve ser observada. Às vezes, Deus permite ao coração do homem começar alguma coisa com segundas intenções, sejam elas financeiras, para obter sucesso ou alguma forma de status, seja nos relacionamentos para receber somente afeto, e enquanto esse movimento acontece sem que a pessoa se aperceba disso totalmente, o autoengano vai se desenrolando, contudo, se a pessoa se abre ao Espírito Santo e se disponibiliza a viver uma vida verdadeira cristã, todas as suas intenções vão sendo purificadas pelo amor com o tempo. Geralmente, o ser humano vai começando as coisas no impulso, e tudo bem até aqui, mas se com o passar do tempo, não for revendo suas motivações, evidentemente, se confundirá.

Não necessariamente todo trabalho que iniciou com segundas finalidades deve ser encerrado ou destruído, pelo contrário, quando a pessoa toma consciência que suas atitudes estão sendo egoístas, ela pode tranquilamente converter seu coração ao amor e continuar fazendo o bem aparente que fazia transformando-o em um bem real e verdadeiro. Justamente porque a intenção do coração modifica o sentido da ação que se realiza.

É sempre importante estarmos atentos à atitude interior de todas as nossas ações. Por exemplo, se uma senhora vai à Igreja, participa de todas as pastorais, reza o rosário diariamente, mas, fica triste porque ninguém dá valor a todas as suas "super virtudes", ou fica desapontada com Deus, por que mesmo servindo e rezando tanto ainda tem dificuldades e sofrimentos em sua vida, é certo que as intenções internas dessa senhora devem ser purificadas.

O serviço e a oração não devem ser feitos para receber algo em troca, mas por que se encontrou o tesouro escondido. Que o amor em sua vida esteja em comunhão com seu comportamento. Aquilo que falamos com a boca deve ser também aquilo que vivemos.

Prece
"Dá-me Senhor, um coração orante e que seja prostrado diante dos Teus sacrários como foi o coração de São Pio. Deixa-me Te encontrar meu Amado Deus, e para isso ensina-me a estar em continua oração para não me perder em segundas intenções. Quero me abrir ao Teu Sagrado Coração, Jesus. Tenho procurado muito o que não vale a pena em meus relacionamentos e em minhas decisões, exatamente por que tenho me afastado da oração. Que não seja assim Jesus. Que Teu Espírito Santo me ilumine e guie como uma pessoa de oração. Me abro a Ti, Jesus!"
Pai-Nosso
Ave-Maria

Oração a São Padre Pio
Oh, Deus, que a São Pio de Pietrelcina, sacerdote capuchinho, concedestes o privilégio de participar, de modo admirável da paixão de Vosso Filho, concedei-me, por sua intercessão, a graça de (formular o pedido)..., que ardentemente desejo e permiti, sobretudo, que eu me conforme com a morte de Jesus para alcançar, depois, a glória da ressurreição.
Glória ao Pai (3 vezes).

35

*"Ria-se dos elogios que as pessoas
lhe façam e repasse-os todos a Deus."*
(São Pio)

Somos seres apegados. Desejamos a glória e o bem-estar, a fama e dependemos afetivamente. Parte de nossa famigerada concupiscência que nos inclina para o mal e parte de nossa natureza humana psíquica cheia de memórias afetivas do desenrolar da vida faz de nós seres que buscam reconhecimentos em tudo que fazemos. O fato é que, se não formos ingênuos, assumimos que somos apegados.

Admitir isso é um imenso passo de maturidade para se ir além das "graças" dos elogios humanos. São Pio nos dá um bom conselho quando nos convida a rir dos elogios feitos. Naturalmente, existem méritos de trabalhos bem feitos ou de esforços técnicos para se alcançar alguma habilidade que merecem natural reconhecimento, mas no fundo tudo é graça de Deus.

Deve-se aceitar o elogio com educação a quem o faz, mas interiormente não se deixar vangloriar, pois é besteira. Ficar absorvendo elogios imoderadamente cria um automatismo de busca de "aplausos" e de reconhecimento.

Esse hábito automático faz o adulto ter comportamento infantil, haja vista que, a criança precisa de autoafirmação dos pais a todo momento, e aquele que se deixa envolver pelo gosto de receber elogios, similarmente ficará mendigando afeição, reconhecimento e "confetes" em tudo que faz. Isso é uma prisão terrível, tome cuidado com a forma que lida com os elogios.

Uma forma pratica de ir desmascarando essa inclinação a esperar reconhecimento excessivo é através de uma vida de oração em silêncio, onde a pessoa de fé deposita aos pés de Deus todos os louvores que lhe são oferecidos. Pois, sabe que o Senhor é a origem de todo e qualquer elogio.

Prece
"Dá-me Jesus a Graça de usar melhor o meu tempo, de não desperdiçar com distrações mundanas, de aprender a ficar mais perto do Teu Sagrado Coração em oração e não me deixar iludir por elogios humanos. E que eu também possa aprender com São Pio a caridade para com o próximo, especialmente aqueles de minha família que mais precisarem e que o possa fazer sem esperar nada em troca. Inspira-me Jesus, pois tudo é graça Tua. Eu me rendo a Ti Jesus!"
Pai-Nosso
Ave-Maria

Oração a São Padre Pio
Oh, Deus, que a São Pio de Pietrelcina, sacerdote capuchinho, concedestes o privilégio de participar, de modo admirável da paixão de Vosso Filho, concedei-me, por sua intercessão, a graça de (formular o pedido)..., que ardentemente desejo e permiti, sobretudo, que eu me conforme com a morte de Jesus para alcançar, depois, a glória da ressurreição.
Glória ao Pai (3 vezes).

*"A humildade
nos atrai a Deus."*
(São Pio)

Muitas pessoas querem se aproximar de Deus e não sabem como fazê-lo. E, a irmã Humildade é certamente um doce caminho. Quando o cristão descobre a beleza e a bondade da simplicidade, passa a desejá-la, mesmo que nunca consiga plenamente.

Importa explanar, algumas ideias que se tem de humildade que não condizem com a mesma virtude. Tem pessoas que se auto definem "humildes" dizendo que o são por que ajudam o próximo, por exemplo. Há também o caso de pessoas que são vistas como humildes por que são tímidas e não se expressam ficando caladas, ou até mesmo as pessoas mais pobres são definidas como gente humilde.

Claro que devemos respeitar interpretação popular de linguagem sobre como as pessoas definem 'alguém humilde', mas, se pensarmos bem nos casos acima, alguém que ajuda o próximo não deveria fazê-lo no escondimento? E, será que os tímidos não mais inseguros e medrosos do que humildes? E, temos certeza que a ausência de bens materiais e financeiros obrigam, de fato, que a pessoa seja interiormente mais humilde?

Evidente que não! Primeiramente, por que a humildade é uma virtude consciente e só pode ser considerada um valor quando é vivida lucidamente. Uma atitude humilde pode ser encontrada no coração de uma pessoa que em uma conversa, por exemplo, é contrariada, mas que, conscientemente consegue se dobrar à opinião alheia. Não por que tem medo de falar o que acha ou por temor de perder o afeto do interlocutor, mas por que deseja realizar um ato de humildade.

Prece

"Dá-me Senhor, um coração que seja grato, mesmo que geralmente me falte o gesto humilde de Te agradecer e, me veja tantas vezes murmurando das situações e das pessoas. Ensina-me a reconhecer, meu Amigo e Deus, todos os privilégios que derramas sobre meu pobre coração que muitas vezes, iludido, não percebe. Perdoa-me pela minha ingratidão e obrigado pela tua misericórdia que não se cansa de me amar. Te agradeço, Senhor!

Pai–Nosso

Ave-Maria

Oração a São Padre Pio

Oh, Deus, que a São Pio de Pietrelcina, sacerdote capuchinho, concedestes o privilégio de participar, de modo admirável da paixão de Vosso Filho, concedei-me, por sua intercessão, a graça de (formular o pedido)..., que ardentemente desejo e permiti, sobretudo, que eu me conforme com a morte de Jesus para alcançar, depois, a glória da ressurreição.

Glória ao Pai (3 vezes).

"Quando Jesus vem a nós na Santa Comunhão, encontra alegria em sua criatura. Por nossa parte, tenhamos n'Ele nossa alegria."
(São Pio)

Na sagrada Comunhão podemos encontrar a fonte de toda humildade. Deus pelas mãos dos sacerdotes vem até nós em um sublime ato de amor e misericórdia.

Jesus se dá no sacramento de misericórdia para nos alimentar e sustentar, mas também se entrega amorosamente no Santíssimo Sacramento para ser comungado pelo homem, por que se alegra em poder habitar no coração humano. A união da alma do homem com Jesus na eucaristia é uma linda efusão de amor e gratidão. Momento magnifico de um encontro esperado entre dois amigos e dois amores tão distintos, mas ao mesmo tempo, tão atraídos um pelo outro.

Todavia, seguramente esse encontro de amor entre Deus e sua criatura no Sacramento pode ser ainda mais profundo quando da parte dos homens há uma correspondência. Contudo, para que Jesus, o Pão vivo descido do Céu, seja a alegria do coração humano, deve-se aprender a deixar algumas realidades deste mundo que trazem falsas alegrias. É preciso abrir espaço no coração. Se o sentimento de uma pessoa está todo tomado por milhares de amores, fica difícil que Jesus seja sua alegria.

Quantas tristezas, sofrimentos e desilusões seriam evitados se o católico soubesse ter Jesus como fonte de sua alegria. Os apegos à tantas coisas e à ideia que temos de tantas realidades da vida nos fazem buscar alegria onde não há.

Jesus é a fonte de toda alegria, amor e misericórdia!

Finalizo, com um relato de uma fiel que recebeu a comunhão pelas mãos de São Pio, ela vai dizer:

Por causa da afluência, o Padre Pio distribui a comunhão depois da missa no altar principal onde, aliás, é ajudado por outros ministrantes. Muitos desejam receber a Hóstia da sua mão transpassada. O Padre Pio não favorece esta santa curiosidade; as mangas da alva, severamente engomadas, tapam-lhe os dedos. Penso que deve considerar falta de tato todos estes olhares, fixos nele, servo, enquanto segura com os dedos dolorosos, exangues, o seu Senhor e Mestre. Recebi, de olhos fechados, a comunhão, da mão do Padre Pio.[21]

Prece
"Dá-me Senhor, um coração adorador. E para isso, ensina-me a silenciar para que possa ouvir tua voz no Sacramento do Altar como São Pio soube ouvir. Ensina-me a romper com toda agitação interior e leva-me a entender que o primeiro passo para vencer a distração e perceber que ela existe e está em mim. Quero silenciar, meu Deus, mas o barulho interior não me permite alcançar essa graça com facilidade. Mas sei que podes me inspirar e me ajudar a alcançar esse feito. Te contemplo, Senhor Jesus!"
Pai-Nsso
Ave-Maria

Oração a São Padre Pio
Oh, Deus, que a São Pio de Pietrelcina, sacerdote capuchinho, concedestes o privilégio de participar, de

---

21. WINOWSKA, Maria. *Padre Pio*, o estigmatizado, p.38.

modo admirável da paixão de Vosso Filho, concedei-me, por sua intercessão, a graça de (formular o pedido)..., que ardentemente desejo e permiti, sobretudo, que eu me conforme com a morte de Jesus para alcançar, depois, a glória da ressurreição.

Glória ao Pai (3 vezes).

38

"A misericórdia de Deus será sempre maior que toda ingratidão."
(São Pio)

Esta frase de São Padre Pio deve nos consolar. Por que infelizmente somos muitas vezes seres ingratos. Especialmente, no tocante da Eucaristia. Deus se faz Todo para nós e a resposta humana geralmente é de ingratidão.

Inúmeros ultrajes acontecem frequentemente à presença de Jesus nos sacrários que são arrombados e roubados. Um número sem conta de sacrilégios acontece com pessoas que maldosamente roubam o Corpo de Deus nas filas de comunhão eucarísticas. Você sabia disso?

Diversas vezes, se vê o Santíssimo Sacramento ser derrubado no chão das Igrejas por falta de zelo de alguns sacerdotes, ministros e fieis. Todos esses sinais de ingratidão com Deus.

E não para por aí. De nada vai adiantar também todo cuidado externo com Jesus sacramentado, se a pessoa o recebe com o coração em pecado. A ingratidão da alma também ultraja a pureza de Jesus que se dá a nós.

Busquemos com todas as fibras de nosso coração zelar pelo Corpo, Sangue, Alma e Divindade de nosso Senhor Jesus Cristo através de carinho e cuidado ao tocá-Lo e de uma busca sincera de uma vida santa ao recebê-Lo em nosso coração.

O fato é que isso é o mínimo que podemos fazer diante de tanta misericórdia que nos é derramada.

São Pio tinha um zelo que levava às lagrimas quando celebrava a Missa. Era atento, cuidadoso e extremamente amoroso, Maria Winowska participando de sua celebração relato todo esse amor de São Pio pela Eucaristia:

> Reside efetivamente em nos obrigar a ver a missa com olhos novos. Vê-la em profundidade, isto é,

em realidade. Não inventa; nada ajunta. Nada altera aos gestos imutáveis, às palavras, plenas de potência criadora. Mas, quando diz: «Este é o meu corpo; este é o meu sangue», como esquecer que o padre, outro Cristo, está encarregado de continuar e completar a Paixão do Mestre? Os estigmas não adquirirão o valor de sinais visíveis, ousaria quase dizer: de reclamo divino para chamar a nossa atenção e concentrar o nosso amor sobre o Padre único, o Sacrifício único? Creio equivaler a trai-lo não o seguir imediatamente. (...). Protesta agora, diz que não com a cabeça, espera a resposta. Todo o seu corpo se inteiriça na prece muda. Após um momento de incerteza, continuo a observá-lo, presa de uma emoção que me contrai a garganta. Parece que o tempo parou; ou, antes, que não conta. Este padre, imóvel diante do altar, parece arrastar-nos, a todos, para uma dimensão nova onde muda de sentido o curso do tempo. De repente, lágrimas enormes jorram dos seus olhos, e os ombros, sacudidos por soluços, parecem vergar ao peso esmagador.[22]

Prece

"Dá-me Senhor, bater no peito por minha miséria, dá-me Senhor chorar os meus muitos pecados, e faz-me simples e pequeno. Não permitais que eu seja orgulhoso e ensina-me a buscar o que se esconde no mistério de Tua encarnação, na Tua Pobreza e no teu rebaixamento. Me perdoe, por todas as vezes que não te recebi dignamente na Sagrada Comunhão e se fui demasiado distraído na santa Missa. Não deixe que eu seja um contratestemunho em

---

22. WINOWSKA, Maria. *Padre Pio*, o estigmatizado, p.32-33.

meio a esse mundo, mas a exemplo de São Pio me permita morrer para esse mundo e renascer para uma vida nova, hoje e sempre. Quero Te imitar, Jesus!
Pai-Nosso
Ave-Maria

Oração a São Padre Pio
Oh, Deus, que a São Pio de Pietrelcina, sacerdote capuchinho, concedestes o privilégio de participar, de modo admirável da paixão de Vosso Filho, concedei-me, por sua intercessão, a graça de (formular o pedido)..., que ardentemente desejo e permiti, sobretudo, que eu me conforme com a morte de Jesus para alcançar, depois, a glória da ressurreição.
Glória ao Pai (3 vezes).

"Ó Mãe de Jesus e nossa mãe, toma-nos pela mão e sejas sempre nossa inspiradora e guia!"
(São Pio)

Nesta reta final, queremos olhar novamente para a Mãe de Deus e Senhora nossa. Somente ela pode iluminar nosso caminho diante de tantos desafios da vida. Ela é nossa esperança e inspiração.

Só tem uma forma de alcançar todas as virtudes refletidas em todos esses dias. Através da busca de um coração que se assemelhe ao Coração Imaculado de Maria que soube guardar tudo dentro de si.

Relembremos o silêncio de Maria Santíssima, que vimos no começo de nossa caminhada, é uma graça que nós católicos podemos alcançar no amor e na humildade. O silêncio da Virgem Maria não era um silêncio de desprezo ou pura resignação, mas era um silêncio que meditava. Guardar as situações do cotidiano com paciência e reflexão auxilia a suportar as cruzes e ainda nos ensina a auxiliar no carregamento da cruz do próximo, tal qual Cireneu no calvário com Jesus.

Experimente viver esse silêncio na sua vida, deixe que a Senhora dos Anjos te guie nesse estilo de vida que supera esse mundo e suas seduções. Aprenda a silenciar diante das tribulações, dos desafios e dos conflitos sejam eles quais forem. Não somente por ausência de barulho com os lábios, mas interiormente meditando e guardando (conscientemente) tudo em seu coração.

Que o teu Anjo da Guarda também esteja contigo no final deste percurso. Certamente, ele te acompanhou, mesmo que você não o tenha percebido. Por que ele também é silencioso e respeita sua liberdade, mas saiba que sempre está do seu lado.

Prece

"Santo Anjo da Guarda, meu amigo silencioso, me ajuda a manter guardado todos os ensinamentos que recebi nesses dias de meditação, penitência e oração. Sou grato pelo teu amparo discreto que me livra do mal, acidente e morte repentina. Que a partir de agora eu possa estar atento à sua voz e deixar-me guiar por tua presença doce e real, escondida, mas tão atuante. Eu te amo meu querido Anjo. Ajuda-me!"

Pai-Nosso
Ave-Maria

Oração a São Padre Pio

Oh, Deus, que a São Pio de Pietrelcina, sacerdote capuchinho, concedestes o privilégio de participar, de modo admirável da paixão de Vosso Filho, concedei-me, por sua intercessão, a graça de (formular o pedido)..., que ardentemente desejo e permiti, sobretudo, que eu me conforme com a morte de Jesus para alcançar, depois, a glória da ressurreição.

Glória ao Pai (3 vezes).

40

"Caminhe com alegria e com o coração mais sincero e aberto que puder. E, quando não conseguir manter esta santa alegria, ao menos nunca perca o valor da confiança!" (São Pio)

E, assim, falando de alegria e confiança vamos avançando para os últimos momentos de nosso itinerário a espera de um milagre. Certamente, muitas pessoas já alcançaram seu milagre bem antes do final deste percurso, e outras ainda não atingiram essa meta. O fato é que, independente de qualquer posição, São Pio nos incita a caminhar com um coração alegre e confiante.

Não perca a confiança nos milagres! Foi o próprio Jesus que nos ensinou em seu Santo Evangelho a confiar nos milagres, nas curas, nos prodígios e nas libertações dos espíritos inimigos. E foi o que os santos da Igreja viveram em suas vidas, foi o que São Pio de Pietrelcina viveu extraordinariamente.

Jesus tinha como missão anunciar e pregar a boa nova do Reino, mas trouxe também o amor em forma de milagres que atraía o povo sedento e sofredor de seu tempo. E Ele atravessa os séculos operando novos e belos milagres e deseja chegar até seu coração.

Uma coisa eu te falo no fim dessa trajetória: O milagre já aconteceu! Olhe para você mesmo neste momento, olhe para seu empenho durante todos esses dias de oração e meditação. Sei que você não é mais a mesma pessoa. Se você chegou até aqui, imagino que o Espírito Santo deva ter feito inúmeras graças em seu coração. E esse amadurecimento humano e espiritual adquirido ninguém vai roubar de você, por que foi plantado em seu coração. Um milagre muito maior do que aquele que você tinha suplicado.

Diante de todo esse trajeto, posso finalmente te revelar qual foi o intuito desse livro: fazer que você entendesse que você é um milagre! Entenda isso com seu coração.

Isso ficará muitíssimo claro quando compreender que Deus opera milagres para dar vida ao outro. Logo, se você é agora um milagre na mão de Deus, certamente você poderá ajudar muitas vidas com as experiências vividas nestes quarenta dias.

Muitas pessoas devem estar suplicando por um milagre neste momento. Então, entenda isso, seja você mesmo o milagre que Deus envia na vida das pessoas. Você saberá quando chegar a hora de atuar...

Agora é com você!

Prece
"Dá-me Senhor, um coração que seja servo, e que se alegre em ajudar meu irmão. Um coração que se alegre na caridade e que não meça esforços para na simplicidade e na humildade amar quem está de seu lado sendo um lindo milagre para quem mais precisa. Sei que essa é Tua vontade, Senhor, que eu ame e me dê em amor.... Tu és minha verdade, Senhor!"
Pai-Nosso
Ave-Maria

Oração a São Padre Pio
Oh, Deus, que a São Pio de Pietrelcina, sacerdote capuchinho, concedestes o privilégio de participar, de modo admirável da paixão de Vosso Filho, concedei-me, por sua intercessão, a graça de (formular o pedido)..., que ardentemente desejo e permiti, sobretudo, que eu me conforme com a morte de Jesus para alcançar, depois, a glória da ressurreição.
Glória ao Pai (3 vezes).

Orações

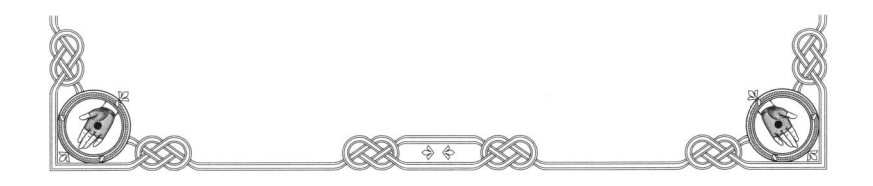

Rezemos ao Coração de Jesus com São Padre Pio

> *O Senhor nos dá tantas graças e nós pensamos que tocamos o céu com um dedo. Não sabemos, no entanto, que para crescer precisamos de pão duro, das cruzes, das humilhações, das provações e das contradições. (São Padre Pio)*

Nosso amado São Pio de Pietrelcina tinha uma oração favorita, que ele rezava para todos que pediam. E, muitas vezes, a intenção era milagrosamente respondida por Deus. Ele relata em seus escritos que rezava as vezes até mesmo por pessoas que não conhecia, mas que sentia os pedidos chegar ao seu coração.

Rezava uma oração composta por Santa Margarida Maria Alacoque, conhecida por sua fervorosa devoção ao Sagrado Coração de Jesus. Ela foi uma freira simples e humilde, que desde sua infância foi favorecida por extraordinárias aparições não só de Jesus, mas também da Santíssima Trindade, de Nossa Senhora e do seu Anjo da guarda.

A oração que ele rezava era conhecida como **"Novena do Sagrado Coração de Jesus"** ou **"Coroinha ao Sagrado Coração de Jesus"**.

Dois motivos levavam São Pio a rezar essa novena, o seu amor e identificação com o Sagrado Coração de Jesus como explicamos acima e o desejo de rezar pelas súplicas de seus filhos e filhas espirituais.

Vamos unir a amorosidade do Coração de Jesus e a forte intercessão e modelo de São Pio.

Apesar das ofensas, dos pecados e das ingratidões da humanidade, Jesus abre o seu Coração e mostra aos homens todo o seu amor e a sua misericórdia. O Coração de Jesus é cheio de amor e compaixão. E esta oração é uma declaração de confiança neste amor, na crença de que Ele pode atender nossos pedidos, se for de sua santa vontade.

O fato é que São Pe. Pio era grande devoto do Santo Rosário, mas a **Coroinha do Sagrado Coração de Jesus**, era sua favorita.

Também chamada de **Novena Irresistível ao Sagrado Coração de Jesus**, quando ela é rezada durante 9 dias seguidos, existem muitos testemunhos de sua infalibilidade.

O Santo Padre Pio recitava esta coroinha todos os dias por todos os aqueles que pediam suas orações, e por meio dela alcançou muitas graças. Por isso, a Toca de Assis convida **todos** a rezá-la!

Oração da Novena infalível do Sagrado Coração

> *Sejam como pequenas abelhas espirituais, que levam para sua colméia apenas mel e cera. Que, por meio de sua conversa, sua casa seja repleta de docilidade, paz, concórdia, humildade e piedade! (São Padre Pio)*

Rezar todos os dias
I. Ó, *meu Jesus, que disseste: "Peçam, e lhes será dado; busquem, e encontrarão; batam, e a porta-lhes será aberta", eis me aqui que, confiando em tuas santas palavras, bato à porta, busco e peço a graça... (formular o pedido).*
Rezar: Pai-Nosso, Ave-Maria e Glória.
"Sagrado Coração de Jesus, espero e confio em Ti".

II. Ó, *meu Jesus, que disseste: "Céus e terra passarão, mas as minhas palavras jamais passarão", eis me aqui, e, confiando na infalibilidade de tuas santas peço a graça... (formular o pedido).*
Rezar: Pai-Nosso, Ave-Maria e Glória.
"Sagrado Coração de Jesus, espero e confio em Ti".

III. Ó, *meu Deus, que disseste: "Tudo o que pedires a meu Pai em meu nome vo-lo farei", eis me aqui, e ao Pai Eterno e em teu nome peço a graça... (formular o pedido).*
Rezar: Pai Nosso, Ave Maria e Glória.
"Sagrado Coração de Jesus, espero e confio em Ti".

Ó, Sagrado Coração de Jesus, que é incapaz de não sentir compaixão pelos infelizes, tem piedade de nós, pobres pecadores, e concede-nos as graças que pedimos em nome do Imaculado Coração de Maria, nossa Mãe. São José, pai adotivo do Sagrado Coração de Jesus, rogai por nós. Amém.
Salve, Rainha, Mãe de Misericórdia, vida, doçura e esperança nossa, Salve.
A Vós bradamos, os degredados filhos de Eva.
A Vós suspiramos, gemendo e chorando neste vale de lágrimas.
Eia, pois, Advogada nossa, esses Vossos olhos misericordiosos a nós volvei;
e depois deste desterro nos mostrai Jesus, bendito Fruto do Vosso ventre.
  Ó clemente, ó piedosa, ó doce sempre Virgem Maria.

V. Rogai por nós, Santa Mãe de Deus,
R. Para que sejamos dignos das promessas de Cristo. Amém!

Oração de São Padre Pio para pedir sua intercessão

Oh, Deus, que a São Pio de Pietrelcina, sacerdote capuchinho
Concedestes o privilégio de participar, de modo admirável da paixão de vosso Filho
Concedei-me, por sua intercessão, a graça de (formular o pedido)
Que ardentemente desejo e permiti, sobretudo, que eu me conforme
Com a morte de Jesus para alcançar, depois, a glória da ressurreição.
Glória ao Pai (3 vezes).

Onde não há obediência, não há virtude. Onde não há virtude, não há bem, não há amor; e onde não há amor, não há Deus; e sem Deus não se chega ao Paraíso. Tudo isso é como uma escada: se faltar um degrau, caímos. (Padre Pio)

Ladainha ao Sagrado Coração de Jesus

Quem recita devotamente esta oração lucra indulgências parciais (cf. Enchr. Indulg., conc. 22).
Em 1899, o Papa Leão XIII aprovou esta Ladainha do Sagrado Coração de Jesus para uso público. Sua estrutura constitui, na verdade, uma síntese de várias outras litanias que remontam ao século XVII. A versão final delas, aprovada pela Sagrada Congregação para os Ritos, perfaz um total de 33 invocações ao Coração divino de Nosso Senhor, um para cada ano de sua santíssima vida.

Senhor, tende piedade de nós.
Jesus Cristo, tende piedade de nós.
Senhor, tende piedade de nós.
Jesus Cristo, ouvi-nos.
Jesus Cristo, atendei-nos.
Deus Pai do céu, tende piedade de nós.
Deus Filho, Redentor do mundo,
Deus Espírito Santo,
Santíssima Trindade que sois um só Deus,
Coração de Jesus, Filho do Pai eterno,
Coração de Jesus, formado pelo Espírito Santo
no seio da Virgem Mãe,
Coração de Jesus, unido substancialmente
ao Verbo de Deus,
Coração de Jesus, de majestade infinita,
Coração de Jesus, templo santo de Deus,
Coração de Jesus, tabernáculo do Altíssimo,
Coração de Jesus, casa de Deus e porta do céu,
Coração de Jesus, fornalha ardente de caridade
Coração de Jesus, fonte de justiça e amor
Coração de Jesus, digno de todo louvor
Coração de Jesus, Rei e centro de todos os corações
Coração de Jesus, no qual estão todos os tesouros
da sabedoria e da ciência
Coração de Jesus, no qual habita toda
a plenitude da divindade
Coração de Jesus,
no qual o Pai celeste põe a sua complacência
Coração de Jesus, de cuja plenitude
todos nós participamos
Coração de Jesus, paciente e misericordioso
Coração de Jesus, rico para todos os que vos invocam

Coração de Jesus, fonte de vida e santidade
Coração de Jesus, satisfação pelos nossos pecados
Coração de Jesus, feito obediente até a morte
Coração de Jesus, atravessado pela lança
Coração de Jesus, fonte de toda consolação
Coração de Jesus, nossa vida e ressurreição
Coração de Jesus, nossa paz e reconciliação
Coração de Jesus, vítima dos pecadores
Coração de Jesus, salvação dos que em vós esperam
Coração de Jesus, esperança dos que em vós expiram
Coração de Jesus, alegria de todos os Santos

Cordeiro de Deus que tirais o pecado do mundo, perdoai-nos, Senhor.
Cordeiro de Deus que tirais o pecado do mundo, ouvi-nos, Senhor.
Cordeiro de Deus que tirais o pecado do mundo, tende piedade de nós.

Jesus, manso e humilde de coração, fazei o nosso coração semelhante ao vosso.

Oremos: Deus onipotente e eterno, olhai para o coração de vosso Filho diletíssimo e para os louvores e as satisfações que Ele, em nome dos pecadores, Vos apresenta; e aos que imploram a vossa misericórdia concedei benigno o perdão em nome do vosso Filho Jesus Cristo, que convosco vive e reina, na unidade do Espírito Santo. Amém.

As doze promessas do Sagrado Coração de Jesus

Durante uma das inúmeras revelações divinas que esta Santa teve ao longo de sua vida, o Sagrado Coração de Jesus fez algumas promessas aos que lhe fossem devotos. Conheça as doze promessas do Sagrado Coração de Jesus:

1ª Promessa: "A minha bênção permanecerá sobre as casas em que se achar exposta e venerada a imagem de meu Sagrado Coração";

2ª Promessa: "Eu darei aos devotos de meu Coração todas as graças necessárias a seu estado";

3ª Promessa: "Estabelecerei e conservarei a paz em suas famílias";

4ª Promessa: "Eu os consolarei em todas as suas aflições";

5ª Promessa: "Serei refúgio seguro na vida e principalmente na hora da morte";

6ª Promessa: "Lançarei bênçãos abundantes sobre os seus trabalhos e empreendimentos";

7ª Promessa: "Os pecadores encontrarão em meu Coração fonte inesgotável de misericórdias";

8ª Promessa: "As almas tíbias tornar-se-ão fervorosas pela prática dessa devoção";

9ª Promessa: "As almas fervorosas subirão em pouco tempo a uma alta perfeição";

10ª Promessa: "Darei aos sacerdotes que praticarem especialmente essa devoção o poder de tocar os corações mais endurecidos";

11ª Promessa: "As pessoas que propagarem esta devoção terão o seu nome inscrito para sempre no meu Coração";

12ª Promessa: "A todos os que comunguem nas primeiras sextas-feiras de nove meses consecutivos, darei a graça da perseverança final e da salvação eterna".

Para se obter essas graças prometidas pelo Sagrado Coração de Jesus os devotos devem: comungar durante nove primeiras sextas-feiras consecutivas; ter a intenção de honrar o Sagrado Coração de Jesus e alcançar a perseverança final; e oferecer cada Comunhão como um ato de expiação pelas ofensas cometidas contra o Santíssimo Sacramento.

Oração ao Sagrado Coração de Jesus

Meu Sagrado Coração de Jesus, corro e venho a Vós, porque sois o meu único refúgio, o meu único consolo, a minha única certeza, a minha única e firme esperança. Vós sois o remédio infalível e seguro para todos os meus males, a esperança para as minhas misérias, o reparo das minhas faltas, a luz nas minhas dúvidas e agonias, o consolo do meu desamparo. Vós preencheis as minhas lacunas e sois a certeza nos meus pedidos. Vós sois a infalível e infinita Fonte de luz e força, de benção e de paz. Estou seguro de que nunca, nunca vos cansareis de mim, de que nunca me abandonareis, de que nunca deixareis de me amar, ajudando-me e protegendo-me sempre, porque o amor de Vosso Coração por mim é infinito e absoluto. Tende piedade de mim, Senhor, pela vossa grande misericórdia, e fazei comigo, de mim e para mim, tudo o quanto quiserdes, mantendo-me sempre e para sempre dentro de Vosso Coração de Amor. Abandono-me em Vós, Coração do meu Amor, com toda e a inteira confiança de que nunca me abandonareis, de que nunca estarei só. Amém.

Terço de Libertação de São Padre Pio

Orações iniciais: Credo, Pai Nosso, 3 Ave-Marias, Glória

1º Mistério: Livrai-nos do orgulho e da soberba
(Nas contas grandes) "É o coração de Jesus Cristo que lhe ordena satanás: deixe-nos em Paz"
(Nas contas pequenas) "O Coração Eucarístico de Jesus livrai-nos cada vez mais das insídias de satanás"
(No final de cada mistério) "Sangue de Cristo que lava e liberta, lavai-nos e libertai-nos de todo mal."

2º Mistério: Livrai-nos da luxúria e da Impureza
(Nas contas grandes) "É o coração de Jesus Cristo que lhe ordena satanás: deixe-nos em Paz"
(Nas contas pequenas) "O Coração Eucarístico de Jesus livrai-nos cada vez mais das insídias de satanás"
(No final de cada mistério) "Sangue de Cristo que lava e liberta, lavai-nos e libertai-nos de todo mal."

3º Mistério: Livrai-nos da mágoa e da falta de perdão
(Nas contas grandes) "É o coração de Jesus Cristo que lhe ordena satanás: deixe-nos em Paz"
(Nas contas pequenas) "O Coração Eucarístico de Jesus livrai-nos cada vez mais das insídias de satanás"
(No final de cada mistério) "Sangue de Cristo que lava e liberta, lavai-nos e libertai-nos de todo mal."

4º Mistério: Livrai-nos da idolatria e da falsidade
(Nas contas grandes) "É o coração de Jesus Cristo que lhe ordena satanás: deixe-nos em Paz"
(Nas contas pequenas) "O Coração Eucarístico de Jesus livrai-nos cada vez mais das insídias de satanás"
(No final de cada mistério) "Sangue de Cristo que lava e liberta, lavai-nos e libertai-nos de todo mal."

5º Mistério: Livrai-nos da ira e do ódio
(Nas contas grandes) "É o coração de Jesus Cristo que lhe ordena satanás: deixe-nos em Paz"
(Nas contas pequenas) "O Coração Eucarístico de Jesus livrai-nos cada vez mais das insídias de satanás"
(No final de cada mistério) "Sangue de Cristo que lava e liberta, lavai-nos e libertai-nos de todo mal."
(No final do terço) "Jesus, manso e humilde de coração, fazei nosso coração semelhante ao vosso. E que eu vos ame cada vez mais." (3x)

Salve Rainha

Santo Terço para pedir a proteção e amparo de São Pio

Orações iniciais: Credo, Pai-Nosso, 3 Ave-Marias, Glória

Primeira dezena
Pedimos proteção e amparo para os relacionamentos, para que Deus guarde os matrimônios.
(Nas contas grandes) "São Padre Pio, vós que sofrestes durante 50 anos as dores dos Estigmas do Crucificado, por amor à Santa Missa e a Jesus Cristo, amparai-nos."
(Nas contas pequenas) " São Padre Pio, amparai-nos e socorrei-nos"
Glória

Segunda dezena
Pedimos proteção e amparo aos filhos e filhas da família, especialmente os mais afastados de Deus.
(Nas contas grandes) "São Padre Pio, vós que sofrestes durante 50 anos as dores dos Estigmas do Crucificado, por amor à Santa Missa e a Jesus Cristo, amparai-nos."
(Nas contas pequenas) " São Padre Pio, amparai-nos e socorrei-nos"
Glória

Terceira dezena
Pedimos proteção e amparo em nossa saúde e a graça da cura aos que estão doentes.
(Nas contas grandes) "São Padre Pio, vós que sofrestes durante 50 anos as dores dos Estigmas do Crucificado, por amor à Santa Missa e a Jesus Cristo, amparai-nos."

(Nas contas pequenas) " São Padre Pio, amparai-nos e socorrei-nos"
Glória

Quarta dezena
Pedimos proteção e amparo para a saúde emocional, especialmente por aqueles que sofrem depressão
(Nas contas grandes) "São Padre Pio, vós que sofrestes durante 50 anos as dores dos Estigmas do Crucificado, por amor à Santa Missa e a Jesus Cristo, amparai-nos."
(Nas contas pequenas) " São Padre Pio, amparai-nos e socorrei-nos"
Glória

Quinta dezena
Pedimos proteção e amparo no trabalho e vida financeira e a graça de um serviço a quem precisa.
(Nas contas grandes) "São Padre Pio, vós que sofrestes durante 50 anos as dores dos Estigmas do Crucificado, por amor à Santa Missa e a Jesus Cristo, amparai-nos."
(Nas contas pequenas) " São Padre Pio, amparai-nos e socorrei-nos"
Glória

Salve Rainha

Oração Final
Santo Padre Pio, com vosso amado Anjinho, protegei-nos dos perigos da vida. Amém.

Exame de Consciência

• Neguei ou abandonei a minha fé? Tenho a preocupação de conhecê-la melhor? Recusei-me a defender a minha fé ou fiquei envergonhado dela? Existe algum aspecto da minha fé que eu ainda não aceito?

• Disse o nome de Deus em vão? Pratiquei o espiritismo ou coloquei a minha confiança em adivinhos ou horóscopos? Manifestei falta de respeito pelas pessoas, lugares ou coisas santas?

• Faltei voluntariamente à Missa nos domingos ou dias de preceito?

• Recebi a Sagrada Comunhão tendo algum pecado grave não confessado? Recebi a Comunhão sem agradecimento ou sem a devida reverência?

• Fui impaciente, fiquei irritado ou fui invejoso?

• Guardei ressentimentos ou relutei em perdoar?

• Fui violento nas palavras ou ações com outros?

• Colaborei ou encorajei alguém a fazer um aborto ou a destruir embriões humanos, a praticar a eutanásia ou qualquer outro meio de acabar com a vida?

• Tive ódio ou juízos críticos, em pensamentos ou ações? Olhei os outros com desprezo?

- Falei mal dos outros, transformando o assunto em fofoca?

- Abusei de bebidas alcoólicas? Usei drogas?

- Fiquei vendo vídeos ou sites pornográficos? Cometi atos impuros, sozinho ou com outras pessoas? Estou morando com alguém como se fosse casado, sem que o seja?

- Se sou casado, procuro amar o meu cônjuge mais do que a qualquer outra pessoa? Coloco meu casamento em primeiro lugar? E os meus filhos? Tenho uma atitude aberta para novos filhos?

- Trabalho de modo desordenado, ocupando tempo e energias que deveria dedicar à minha família e aos amigos?

- Fui orgulhoso ou egoísta em meus pensamentos e ações? Deixei de ajudar os pobres e os necessitados? Gastei dinheiro com o meu conforto e luxo pessoal, esquecendo as minhas responsabilidades para com os outros e para com a Igreja?

- Disse mentiras? Fui honesto e diligente no meu trabalho? Roubei ou enganei alguém no trabalho?

- Cedi à preguiça? Preferi a comodidade ao invés do serviço aos demais?

- Descuidei a minha responsabilidade de aproximar de Deus os outros, com o meu exemplo e a minha palavra?

40 dias com
PADRE PIO

*Um Santo que nos leva
à conversão e milagres*

ANGELVS
EDITORA

www.angeluseditora.com

Este livro foi impresso por
Gráfica Loyola